U0944697

教育管理系列丛书

教育教学管理经验

北京师范大学天津市滨海新区“第二期三名工程”课题集

主　编◎北京师范大学 EDP 中心

中国财富出版社有限公司

图书在版编目（CIP）数据

教育教学管理经验：北京师范大学天津市滨海新区“第二期三名工程”课题集．小学教师版／北京师范大学 EDP 中心主编．—北京：中国财富出版社有限公司，2020.10

（教育管理系列丛书）

ISBN 978－7－5047－7263－3

Ⅰ．①教… Ⅱ．①北… Ⅲ．①小学教师—教育管理—经验—滨海新区—文集 ②小学教师—教学管理—经验—滨海新区 Ⅳ．①G625.1－53

中国版本图书馆 CIP 数据核字（2020）第 196187 号

策划编辑	吴婉素	**责任编辑**	吴婉素　李　如
责任印制	尚立业	**责任校对**	卓闪闪
责任发行	白　昕		

出版发行	中国财富出版社有限公司		
社　　址	北京市丰台区南四环西路 188 号 5 区 20 楼	**邮政编码**	100070
电　　话	010－52227588 转 2098（发行部）		010－52227588 转 321（总编室）
	010－52227588 转 100（读者服务部）		010－52227588 转 305（质检部）
网　　址	http：//www.cfpress.com.cn	**排　　版**	宝蕾元
经　　销	新华书店	**印　　刷**	天津市仁浩印刷有限公司
书　　号	ISBN 978－7－5047－7263－3/G·0739		
开　　本	710mm×1000mm　1/16	**版　　次**	2021 年 2 月第 1 版
印　　张	14.75	**印　　次**	2021 年 2 月第 1 次印刷
字　　数	219 千字	**定　　价**	49.80 元

本书编委会

序

“教育兴则国家兴，教育强则国家强。”习近平总书记强调，建设教育强国是中华民族伟大复兴的基础工程，必须把教育事业放在优先位置，全面贯彻党的教育方针，深化教育改革，推进教育公平，培养德智体美劳全面发展的社会主义建设者和接班人。面对建设教育强国的时代要求，提高教育质量已成为基础教育最根本、最集中、最迫切、最普遍的战略性和时代性任务。

教师是立教之基、兴教之本、强教之源，是教育的第一要素。强师资才能强教育，没有高素质的教师队伍，就没有高水平的教育质量。2010 年，滨海新区政府正式成立。2010 年年底，滨海新区政府就出台了“三名工程”实施意见，明确以拓展国际视野、提高教育创新和科研能力为重点，努力构建适宜教师专业发展和教育家成长的培养制度和体系。坚持创新培训理念、丰富培训载体、拓宽培训渠道、务求培训实效，努力打造培训精品工程。“三名工程”计划用 3 到 5 年时间，培养一支高水平的校长和骨干教师队伍，造就一批在全市乃至全国有一定影响力的专家型校长和研究型教师，从而带动全区教师共同发展，提高滨海新区教育知名度和影响力。

2017 年 7 月，天津市滨海新区“第二期三名工程”开启，工程委托北京师范大学为滨海新区教师队伍专业发展提供专业资源和智力支持，坚持“量身设计，注重实效”的原则，采取模块组合的培养方式，培养对象带着问题出发，跟随专家跟进式指导建议，在理念更新、教育科研、课程建设、专业评价等方面都有着系统而有针对性的设计，实用而有生长力的课程配置，帮助学员“跳出教育看教育”，实现理念更新的同时对自身的学校管理和教育教学实践有更深入的思考，有更具开创性的工作思路。两年多来，北京师范大学与天津市滨海新区教育体育局共同努力，精心选择培训主题，细心优化培训课程，通过“基于系统领导力提升的专题理论研修”“基于跨学科学习的STEAM* 工作坊培训”“基于新国学的教师人文素养提升”“基于核心素养导向的课题研究”等具体课程内容，以集中研修、赴江浙沪跟岗学习、专家入校实地指导、学科组区域联片教研、名师工作室建设等具体的培训形式助力学员搭建理论与实践的桥梁，开展学习内容转化的实践，在迈向名师名校长的路上前进了一大步。因此，本书编委会以培训学员们的课题研究成果为主线索，将两年多培训的收获进行梳理，以“从问题到建议——聚焦实践问题的行动研究”为主题，增强问题研究的意识，提升分析解决问题的能力，完成了高质量的研究报告。这是对培训成果的一次总结，更是一次检阅，证明我们的项目设计立意深远，站位全局，系统实用，达到了良好的效果，滨海新区“强师提质”教育梦正由蓝图逐步变为现实。

项目合作中，北京师范大学项目专家团队坚持问题导向，精准对接培训需求，按方“抓药”、照单“下厨”，悉心指导、引领前行，为滨海新区教育的改革发展指引了方向，为提升基础教育的质量和水平奉献了智慧和力量，为教师队伍播下了希望的种子。

心若在，梦就在；坚持若在，希望就在。教育事业崇高而伟大，教师职业神圣而光荣。希望全区广大教师和教育工作者牢记使命、不负重托，改革创新、深耕细作，为全区莘莘学子放飞梦想开启希望之门。

愿滨海新区教育事业的明天更美好!

天津市滨海新区教育体育局

2020 年 11 月

---

* 科学、技术、工程、艺术、数学。

前　言

2010 年，《国家中长期教育改革和发展规划纲要（2010—2020 年）》发布。文件指出到 2020 年，全面提高普及教育水平，全面提升教育质量，基本实现区域内均衡发展，确保适龄儿童、少年接受良好义务教育。文件中还提到，要“完善培养培训体系，做好培养培训规划，优化队伍结构，提高教师专业水平和教学能力。通过研修培训、学术交流、项目资助等方式，培养教育教学骨干、‘双师型’教师、学术带头人和校长，造就一批教学名师和学科领军人才”。2011 年，天津市教育委员会也提出了“启动基础教育骨干教师和校长系列培训计划，着力提高校长现代管理水平和教师专业化水平。加强区县教师培训基地建设，完善校本教研制度”。区位和国家战略定位优势，使滨海新区具有明显的资源聚集效应，吸引包括教育资源在内的经济、社会资源不断注入滨海新区。“十三五”期间，滨海新区教育资源建设步入快车道，一大批具有现代气息、国际水准的学校投入使用，一批名校长、名师成长起来。滨海新区以“三名工程”为抓手，构建起了适合教师专业发展和教育家成长的培养制度和体系。滨海新区教育发展进入快车道，在实现高质量发展的路上不断提速。

2016 年 6 月，天津市滨海新区教育体育局与北京师范大学合作，推动实施“三名工程”。通过实施“三名工程”，提前布局，谋划发展，为滨海新区培养了一批优秀的学校管理干部和骨干教师。名校长和名师赴北京师范大学参加培训，实现素质提升，进而全面提高教师队伍的整体素质，充分发挥市、区优质教育资源辐射引领和示范带动作用，扩大优质教育资源总量，带动全区教育共同发展。“三名工程”的开展正是北京师范大学与滨海新区教育体育局双方在教育领域落实京津冀协同发展战略，发挥北京师范大学教育科学与教师培养的优势，推动天津市滨海新区教育领域人才培养，推动滨海新区教育优质均衡发展的重要行动。

名校长、名师作为区域教育发展工作中的重点人群，肩负着“乘深化改革之风，启滨海教育崛起之航”的神圣使命，围绕在区域实现“高端引领、任务驱动、科学评估、示范辐射”这一目标，进行为期三年的连续培养，帮助他们进一步凝聚教育思想，提升实践创新能力，形成独特教学风格和办学特色，努力培养具有较大社会影响力和较高知名度、能够引领基础教育改革发展的教育家型名校长、研究型名师，辐射带动基础教育事业发展、质量提升。

“三名工程”实施过程中，北京师范大学项目组特别注重于引领滨海新区基础教育不断发展。

一是注重学校办学内涵的提升。项目组通过校长教育治理能力的提升来推动学校办学品质升级。项目实施过程中，项目组专家团队指导学校聚焦发展之惑，让优质品牌学校从“常规发展”向“内涵优质”方向发展，聚焦学校发展改革的关键问题点，形成问题解决路径。一系列关于学校发展的核心命题，如课程建设、课堂模式建构、教师专业发展、立德树人主题班会等得到了关于新时期、新内涵的探索，向着更加具有滨海特色、津味文化的方向深入发展。

二是实现课堂教学的突破创新。项目以“课题研究”为名师快速提升的载体，围绕名师风格形成中的“障碍点”设计研究点。项目组在专家的指导下学会分析障碍，明确问题，形成路径，最后形成名师们教育教学新的“生长点”。项目组指导专家以课题研究的形式针对问题进行切片式分析，以课题研究共同体的形式推动教育教学攻坚克难工作。通过小学学段 23 个课题、中学学段 23 个课题的深入研究，名师学员群体中掀起一股研究课堂教学的热潮，形成有效的先进课堂教学经验和先进教学模式，积累一批优秀的课堂教学资源，促进全区教育教学再上新台阶。在课题研究过程中，我们坚持以教师业务学习和聚焦问题的实践为抓手，做到内容系统化、时间常态化、形式多样化，提升研训效果。

三是组建“校长发展共同体”和“教师发展共同体”。校长、教师两支队伍对提高基础教育质量至关重要，围绕提升校长与教师发展的动力与能力双系统，创新培训方式，北京师范大学项目组引入“SDGo（可持续发展行动）

项目设计工作坊”和“新国学经典工作坊”，突出新课程、新教材、新方法、新技术培训，着力提高校长治校、教师课堂教学等方面的能力，构建校长间与教师间的协同发展，以连片教研为活动形式，促进优秀经验在群体内流动，抓住办学中的实际问题，共研、共商、共议解决策略。

项目实施过程中，坚持“量身设计，注重实效”的原则，采取模块组合的培养方式，依托北京师范大学和其他北京市优质教育资源，结合学员自身实际选择培养模块，即优秀教师、优秀校（园）长工作室组建，课题研究，异地跟岗，实地指导等。双方密切合作，在4大模块都有了积极进展。

优秀教师、优秀校（园）长工作室组建。优秀教师、优秀校（园）长工作室从2019年8月开始遴选学员，分别成立小学语文、小学数学、小学英语、初中语文、初中数学、初中英语、高中语文、高中数学、高中英语共9个学科工作室，幼儿园园长、小学校长、初中校长、高中校长共4个优秀校长工作室，旨在为天津滨海新区打造名师团队，形成学科专业人才培养的成熟化运作模式，使工作室成为名师引领教师专业成长的“学习型、辐射型、合作型、研究型”的专业组织，培养一批具有现代教育理念和创新精神、体现教育特色的教育家型校长，进而为滨海新区基础教育又好又快发展提供坚实的人才保障。

课题研究。从2017年7月到2019年9月，我们以“发现真问题、探索真方法、形成真效果”为培养目标，共开展4次主题研讨活动，分别是“基于课题研究选题与开题”的主题工作坊式研修活动；“基于行动研究学习”的赴京跟岗实践活动；“基于课题研究中期推进”的入校实地指导活动；“基于课题验收与结题”的集中研修活动。通过数十位专家的指导与学员的辛苦付出，产出多项课题成果。其中幼儿园组聚焦园本课程建设、幼儿安全教育、德育工作教师、队伍建设4大研究主题，共产出5项课题成果；校长组聚焦学校特色与课程建设、课堂教学改革、学校信息化建设、校园文化建设、学校德育工作5大研究主题，共产出13项课题研究成果；教师组聚焦教学模式创新、校本课程研发、课堂观察与评估、学生学习习惯培养4大研究主题，共产出46项课题成果。

异地跟岗。为适应新时代的教育需求，秉持“理论研究、案例研讨、教学相长、实践导向”的理念，注重实效性与针对性，既要跳出教育看教育，又要从解决学校发展实际问题的角度出发，通过走进上海、广州等地名校（园）考察、实战型示范课、问题探究式交流互动等多种学习模式，进行跟岗研修学习，促使天津市滨海新区在探索中不断寻找教师、校（园）长实践性培训的有效路径，不停对照、反思自己的带教行为，从整体办学思想的角度审视个体教学管理的差异，这些活动直接促进了天津市滨海新区名师们的专业成长和带教能力的提高。这些活动为学员提供了更加真实鲜活的名校场景、优秀案例，提供了更有深度和高度的专业对话平台，提供了与更多优秀专家和名校长、名师接触的机会，提升了天津市滨海新区中小学教师、校（园）长的职业能力和管理水平，这也是教育培训工作不断追求的目标。

实地指导。通过专家走进滨海新区中小学课堂开展专题讲座、主题沙龙、工作坊等多种形式的活动，共同探讨新时期教学与教研的路径和策略，明确区域教育教学在新形势下改革的方向和着力点。专家带领学员们交流课堂教学经验，带领校长们共话管理之道、破局之道，打破思维中的桎梏。同时，实地指导活动为名师、名校长互相交流搭建了极好的平台，引发学员心灵深处的触动，产生恒久的回应。德国教育家雅斯贝尔斯在《什么是教育》中写道："教育正是借助于个人的存在，将个体带入群体之中，如果一个人与更明朗、更充实的世界合为一体的话，人就能够真正成为自己，并注入更新的生机。"从一定意义上讲，专家进校实地指导活动正是让教师进入一个更明朗、充实的环境，促使天津市滨海新区的教育有更多的生机、更新的发展。

"三名工程"实施以来，名校长与名师们的扎实探索取得了累累硕果，尤其是在项目组引领下的课题研究更是成了推动个人专业发展、能力系统提升的"最大动力"。我们特别选取了各学段校长与教师学员们课题研究的阶段性成果与大家分享。本系列丛书分为三本，内容分别为小学教师教育科研成果、中学教师教育科研成果（含初中和高中）、校（园）长教育科研成果，针对每一个教育研究问题，校长、老师们都经过精心思考、深入探究、反复实践而获得结论。教育研究的过程是蜕变的过程，是飞跃的过程，经历了各种苦恼、卖力气、不眠夜，217 位学员都获得了飞速成长。

艰难困苦，玉汝于成。学员们努力拼搏、多次奔赴北京、南下广州、前往上海，深夜磨课、小组研讨……改革的举动推动着每一位培养对象实力的提升，课题的推进推动着每一位名校长所在学校的变革，引领着每一位名师课堂的变革，一系列的努力让滨海新区“三名工程”取得实效，滨海新区基础教育发生了巨大的变化，学校品牌越发知名，教师教学越发高效，区域协同一体化发展格局不断深化。名校长、名师的成长与进步，彰显着滨海新区领导们的高瞻远瞩，滨海新区教育体育局系统的大力支持，名校长、名师们可贵的创造精神、奋斗精神和梦想精神。回望过去，我们要不断总结，把宝贵的经验记录下来，加以传承，北京师范大学项目组与滨海新区教育体育局特以书籍的形式将项目中校（园）长与教师的课题研究成果呈现出来，以供大家了解，希望各位教育同人给予更多指导。

以梦为马，不负韶华！我们未来要继续以逢山开路、遇水搭桥的智慧和韧劲，依托北京师范大学的专业力量，加快推进教育现代化，建设教育强国，办好人民满意的教育，助力中国的区域基础教育迈向更加美好的未来！

目　录

课题一　优化作文课堂结构，实现有效教学的研究

一、课题组成员信息及分工情况

（一）课题组成员信息（见表1－1）

表1－1　　课题组成员信息

<table>
<tr><td rowspan="2">课题主持人</td><td>姓名</td><td colspan="2">单位</td><td>性别</td><td>现任职务</td><td>出生年月</td><td>学科</td></tr>
<tr><td>邢燕</td><td colspan="2">天津市滨海新区塘沽远洋城小学</td><td>女</td><td>教学主任</td><td>1982年10月</td><td>语文</td></tr>
<tr><td rowspan="5">课题组主要成员</td><td>姓名</td><td>学科</td><td>年级</td><td>职务</td><td colspan="3">单位</td></tr>
<tr><td>许玉喜</td><td>英语</td><td>三年级</td><td>教学校长</td><td colspan="3">天津市滨海新区塘沽远洋城小学</td></tr>
<tr><td>崔玉静</td><td>英语</td><td>六年级</td><td>教师</td><td colspan="3">天津市滨海新区塘沽宁波里小学</td></tr>
<tr><td>刘洋</td><td>语文</td><td>六年级</td><td>教师</td><td colspan="3">天津市滨海新区大港第一小学</td></tr>
<tr><td>郭晓燕</td><td>语文</td><td>六年级</td><td>教师</td><td colspan="3">天津市滨海新区大港第十一小学</td></tr>
</table>

（二）课题组成员分工情况

邢燕：制订课题研究计划、设计调查问卷、统筹课题研究、撰写中期报告、提交结题申请等。

许玉喜：协调成员进行资料汇总，撰写问卷报告等。

崔玉静：主持教师论坛。

刘洋、郭晓燕：汇总学生习作材料。

二、课题详细信息

（一）课题由来

教小学中年级的语文教师往往有这样的体会：平时的课文教学一帆风顺，而到了习作训练时困难重重；平时在课文学习中表现优秀的孩子，在习作中的表现却与平时的大相径庭。我们分析了很多孩子的作文，感受到普遍存在内容空泛、用词单调、缺乏修辞等问题。这样的问题不解决，作文教学自然成了空中楼阁，无从教也无从学。因此，我们提出了“优化作文课堂结构，实现有效教学的研究”这个课题，并进行研究。

（二）课题界定

长期以来，小学作文教学基本形成了“教师命题—学生写作—教师改评”的模式。因此，本课题力求从课堂结构入手，努力探寻一套作文教学的新模式。

（三）研究目标

通过研究，我们希望探寻出一套行之有效的适合小学中年级（作文起始年级）的作文教学模式，实现作文课堂结构最优化和作文教学高效化。

（四）研究内容

一是调查目前我区（我校）现有中年级学生习作（写话）现状；二是通过问卷、访谈、深入课堂听课等方式，发现教师在作文教学中遇到的主要问题，寻找突破口；三是形成一套行之有效的指导作文教学的模式。

（五）研究情况

1. 丰富理论

课题组成员共同完成了理论的学习，我们重新学习了《课程标准》及《课标解读》，明确习作在不同学段的不同要求；后又阅读了《小学写作教学的理论与实践》《教育观念的转变与更新》《教育科研能力的培养与提高》等标准与理论专著。

2. 调查与初步研究

编制《习作（写话）测试小卷》，在三年级学生中进行摸底，了解当前作文起始年级学生的习作（写话）水平；编制调查问卷，对三年级语文教师进行摸底，了解三年级语文教师在习作教学中的主要困惑，掌握相关信息；深入习作课堂，课题组成员在各自学校听习作指导课共20余节，基本掌握了目前习作指导课的现状，并归纳总结了主要存在的问题。

3. 积极构建课题交流平台

组织课题组成员进行多种多样的课题交流活动，已经完成的活动有：第一届校级语文教师论坛“学生需要什么样的习作课”，第二届校级语文教师论坛“教师需要什么样的习作课模式”。此外，还组织远洋城小学部分青年教师参与研究，开展习作指导展示课；组织远洋城小学“培优组”教师进行评课，在交流碰撞中寻找优化课堂结构的突破口。

（六）研究结论

1. 提出策略

在中期理论成果《起始年级习作（写话）现状调查报告》《教师对于起始年级习作教学的主要困惑调查报告》的基础上，提出以下策略。

（1）把情境作为作文能力培养的引路要素。

小学阶段的孩子，兴趣点仍然在“好玩”“有趣”上，生活的外延就是兴趣的外延。教师在作文教学时要做到联系学生的生活实际，将文字表达回归到有趣好玩的活动中，让学生走进生活，感受生活，充分参与生活，有了激情、感受，也就有了写作材料。

（2）赏识和尊重是作文能力培养的护航要素。

我们常说，作文要写真情实感，要敢于写真话，而教师的赏识、尊重是让学生敢于表达真情实感的护航力量。我们不妨鼓励孩子写真情，写实感，哪怕有些许不积极的思想，哪怕别字频出、病句叠加，我们都要首先发现其中的亮点并予以表扬，在肯定学生表达真情实感的基础上，再对学生存在的问题予以指导。

（3）借助“细心观察、大胆创作、悉心指导、热情分享、积极借鉴、认真修改”六步走策略，帮助学生写好作文。

教师要指导学生细心观察，培养学生的观察习惯，引导学生做生活的有心人；鼓励学生大胆创作，写出真情实感；对于学生的初稿，教师要用赏识的眼光看待，在表扬肯定的基础上予以悉心指导；鼓励学生之间热情分享自己的作品，积极借鉴别人的作品，在分享和借鉴后认真修改自己的作品。

2. 理论成果

①课题组成员撰写了论文《问渠那得清如许，为有源头活水来——中年级作文教学之初探索》《体验引领习作教学》《用生活体验搭建起课文教学与习作训练的通道》。

②通过课题研究，课题组成员的科研兴趣日益浓厚，在教师中形成了一股乐于从事课题研究的风气；课题组成员在科研能力方面有了很大提升，对课题研究的理论、方法、步骤等加深了理解，撰写了各种实验报告，分析数据的能力也有所增强。

三、参考文献

[1] 孙建龙．小学写作教学的理论与实践 [M]．北京：首都师范大学出版社，2007.

[2] 赵大悌，赵小刚．教育观念的转变与更新 [M]．北京：中国和平出版社，2000.

[3] 赵大悌，赵小刚．教育科研能力的培养与提高 [M]．北京：中国和平出版社，2001.

课题二　信息技术背景下构建朴素课堂的研究

一、课题组成员信息及分工情况

（一）课题组成员信息（见表2－1）

表2－1　　课题组成员信息

<table>
<tr><td rowspan="2">课题主持人</td><td>姓名</td><td colspan="2">单位</td><td>性别</td><td>现任职务</td><td>出生年月</td><td>学科</td></tr>
<tr><td>周燕</td><td colspan="2">天津市滨海新区塘沽中心庄小学</td><td>女</td><td>教师</td><td>1972年4月</td><td>语文</td></tr>
<tr><td rowspan="4">课题组主要成员</td><td>姓名</td><td>学科</td><td>年级</td><td>职务</td><td colspan="3">单位</td></tr>
<tr><td>魏军</td><td>信息技术</td><td>六年级</td><td>教师</td><td colspan="3">天津市滨海新区塘沽中心庄小学</td></tr>
<tr><td>高情</td><td>语文</td><td>三年级</td><td>教师</td><td colspan="3">天津市滨海新区塘沽中心庄小学</td></tr>
<tr><td>陈庆宝</td><td>数学</td><td>六年级</td><td>教师</td><td colspan="3">天津市滨海新区塘沽中心庄小学</td></tr>
</table>

注：天津市滨海新区塘沽中心庄小学的这些教师对本课题的研究也有一定贡献：杨静、张蕾、潘晓、李官达、张喜阳、刘娜、孙海荣、梁晓洋、刘冠军、史红梅、岳鹏、宋秀雅、马妍、李燕、李享。

（二）课题组成员分工情况

课题主持人：周燕。

信息技术支持者：魏军。

理论研究带头人：高情、陈庆宝、刘娜等。

课堂实践带头人：杨静、张蕾、潘晓、刘冠军等。

学科融合研究人：李官达、张喜阳等。

二、课题详细信息

（一）课题由来

本课题是承接天津市滨海新区塘沽“十三五”教育科研课题研究的一项子课题研究。设立基础源于行动研究。

在基础教育中，学生是学习主体，教师是教育主导，教师的系统传授、指导引领学生进行自主的学习活动，从而达到“传承”与“创新”，推动人类生生不息、时代滚滚前行。教和学的方式是在时代的变迁中不断变化、发展的，是要适应时代而存在的，其最终目的就是要促进学生“习得”。

现代教学方式在人类智慧的推动下，已渐渐由“人脑”向“电脑”转换。信息技术的应用是当今社会发展的大趋势，以多媒体和网络技术为核心的信息技术已成为拓展人类能力的创造性工具，对信息技术与学科教学整合的研究和实施，将对发展学生主体性、创造性，培养学生创新精神和实践能力具有重要意义。但在教学实施中，我们也发现了由于对信息技术认识不当而造成的教学误区。

（1）为了运用技术手段而大量使用信息技术，使得课堂教学“科技化”。在这样的课堂中，信息技术成了课堂的主导，课件成了讲课的主体，代替教师上课，而教师则成了起辅助作用的旁观者、解说员，或成为电脑的操作者，本末倒置，夸大了信息技术在教学中的作用。大量的媒体信息不但增加了学生的负担，还直接或间接地分散了学生的注意力，使重点不再突出，学生把大部分的精力放在了这些动画、文字颜色、声音上，内容对其已没有了吸引力。

（2）为了追求创新而使课堂充斥着各种新媒体手段，逐渐脱离了教学的本源。没有传承，就没有创新，只有真正传承了教育的朴素精神和灵性神韵，才能真正开辟出应有的大境界。朴素课堂不是简单的课堂，它含有一种“隐形的丰富”，我们可以将其理解为信息技术的合理运用、教学资源的理性分配以及教学手段的有效运用。

“有真意，去粉饰，少做作，勿卖弄”，我们借此课题呼唤回归本色、本分、本真的理性有效课堂。

（二）课题界定

所谓“朴素课堂”，就是指教育本源的回归，是在现代信息技术飞速发展，将科技媒体手段广泛应用于课堂教学实践的背景下，追求课堂教学实效，体现教学本性的课堂。

课堂教学是现代教育体系的产物，其实质是落实知识、文化的系统传承。因此，教育工作者的着眼点应为“教师的教”与“学生的学”的融合统一。而在现代教育进程中，现代媒体手段是时代进步的显著标志，我们不可忽视，要加以利用，并使其成为有效的教育媒介。本课题将对现代媒体手段、课堂实施策略应用、师生课堂共生、现代化教学模式构建等多方面进行初步探索和实践性研究，以期构建高效的、务实的、开放的、多边交互的现代化课堂。

（三）研究目标

教学活动的本质是师生积极参与、交往互动、共同发展的过程。有效的教学活动中，学生是学习的主体，教师是学习的组织者、引导者与合作者。而本课题中所研究的朴素课堂教学模式就是要回归教学本质，构建真实、简约、有效的课堂。基于此，本课题确立了如下目标。

（1）通过本课题的研究，探索出信息技术背景下朴素课堂的教学特征，并在教学实践中加以推广。

（2）通过本课题的研究，探索出信息技术背景下朴素课堂教学的方法与策略，并在教学中加以运用。

（3）通过本课题的研究，探索出信息技术背景下朴素课堂教学中学生学和教师教的特征与方法，并在教学中加以运用。

（4）通过本课题的研究，促进各学科课堂学习内容的内涵与外延得以拓展，努力提升学生的整体素质。

（5）通过本课题的研究，转变教师的角色。教师应该从“学科教学”转向“学科教育”，培养学生的核心素养。

（四）研究内容

现代教育技术要与传统教学结合起来，优势互补，让先进的技术为教学服务，创造一个活跃、高效的课堂。如何把现代化教学媒体，即现在教学中倡导的多媒体手段有效应用于课堂教学中，并能够真正提高教与学的时效性，这需要我们尽快从教学理念、教学方法和手段、媒体操作应用技能等多方面加强认识。因此，本课题将研究的主要内容设定为以下几点。

（1）信息技术背景下，将信息技术理论与相关软件的开发操作使用作为研究的关键，立足课堂，加强对教学手段的研究。

（2）信息技术背景下，朴素课堂教学中，对教师教法的研究。重点为根据学科特点及学生特点进行朴素课堂教学方法策略的研究。

（3）信息技术背景下，朴素课堂教学中，对学生学法的研究。拓展学生的学习应用范畴，结合现代技术手段，努力实现“三通两平台”①，展现学习效果。

（五）研究情况

按照既定的研究计划，积极落实各阶段工作，推进研究。

① “三通两平台”即宽带网络校校通，优质资源班班通，网络学习空间人人通，教育资源公共服务平台和教育管理公共服务平台。

按既定计划完成的主要工作有以下几点。

1. 研究论证阶段（2017 年 3—7 月）

（1）做好课题的选题、申报、立项及论证等工作，完善课题研究的管理制度和相关计划。以多媒体在课堂教学中的使用现状和存在的问题为研究对象，为课题的设定、确立和实践提供数据支持。反思课堂现状，提出研究意向。在此基础上剖析研究议题，明确研究方向，最终形成研究共识。

（2）组织课题组成员认真学习教育教学科研理论和相关理论文献，逐步充实研究内容，进一步明确研究目标和意义，加强相关的理论研究，充实教师的教学思想。根据各学科的知识特点和各年级学生的认知特点，研究人员拟定了子课题，形成总课题下的研究分支，设立小课题组。

（3）立足于理论提升，做好阶段反思和总结。组织学习掌握信息技术的实践性操作，初步探索信息技术于课堂的有效应用；深入剖析各学科的课程标准，紧紧围绕朴素教学，着眼于课堂教学实效，发现问题，提出问题，研究解决问题。

课题负责人周燕老师有效利用滨海新区“三名工程”中的课题研究专题培训，经北师大培训组课题研究专家论证指导，将原课题《信息技术背景下朴素课堂教学模式的研究》更名为《信息技术背景下构建朴素课堂的研究》，更为直接地表达了研究内容和目的。

2. 理论提升阶段（2017 年 8 月—2018 年 1 月）

（1）积极落实研究计划，开展理论研讨与教学实践并重的活动。对课堂特点、类型进行系统分析、探讨。根据研究的方面，进行有针对性的理论学习，提升认识水平，多多交流。

（2）积极组织校际交流活动，和教育教学发展接轨，充实研究目标。我校已外派语文、数学、英语、信息技术、音乐、美术等课题研究参与者 25 人次，多批次、多角度参与区、市及全国范围的课例观摩、理论学习和实践跟岗等活动。这些研究参与者包含课题组成员，这些课题组成员在学习过程中形成了个人思考成果，并努力将其应用于教学实践。

目前，我们以宣讲、研讨等多种形式努力扩展个人学习经验的交流，不断总结和积累研究所得，力争以反思总结、案例等形式展现此阶段的研究成果。

3. 实践提升阶段（2018 年 2—7 月）

（1）进行阶段性成果评估，调整研究策略，召开了中期课题研究推动会。指导研究者对课题研究进行全面系统的自我总结与评估。

（2）在学校教育教学统筹的支持下，不断完善现代媒体设备：落实“三通两平台”的全面铺开并以综合实践活动的形式在全校范围内进行学生的多媒体操作指导；更新录播教室设备，建立直播交互教室，实现实时课堂互动。

（3）深入进行教育教学理念与课堂实践的落地性行动研究。为此，结合学校教学工作计划，聘请天津市语文、数学学科的教学名家、专家入校进行“部编教材”背景下的教学理念专项指导；委派语文、数学、英语、美术、音乐、信息技术各学科教师外出至各省市进行观摩学习；内练“师功”，进行校“双优课”“研讨课”的各类评比和展示，参与区“大练兵”“大比武”，参与“一师一优课”上报工作；上交各学科论文 20 余篇。

4. 总结验收阶段（2018 年 8 月—2019 年 1 月）

（1）以回顾、沉淀、总结等方式进行研究反思，形成研究报告。

（2）整理研究过程性资料，建立案例、报告、调查等各方面档案。总结经验，撰写研究实验结题报告。

（3）召开课题组结题大会，进行成果汇报。结合各级各类教学活动进行成果展示。例如，孙海荣老师的音乐教学微课市级平台展示活动，刘娜老师的英语教学市级展示活动，马妍老师的数学教学区级展示活动等。

（4）准备相关资料，提交有关方面验收。

（六）研究结论

经过近两年的研究，所有参与研究的老师在教育教学工作中均不同程度地趋向成熟。具体表现为以下几点。

（1）明确了“手段立足于服务”的理念。课堂上减少了形式主义的花架子。实实在在为了学生的“习得”而不断努力，理性定位教师的教与学生的学之间的关系，以“生”为本的理念不断深入课堂。

（2）青年教师的创新不断落地，主要有：微课、翻转课堂的操作日臻成熟，并能适用于教学的适当环节；对同屏技术、实时交互等多媒体手段的研究也在不断更新，并将其应用于更广泛的地方，实现了同课异构以及异地同课教学的目的，促进了课堂教学质量的提高；电子相册、问卷星、抖音，甚至网络直播等在教学中得以尝试应用，开辟了教学活动答疑解难的新天地；电子智慧游戏的加入也使得学生对于手机游戏的依赖程度得以降低，使得老师能够激发学生的学习兴趣，使其提高自主学习的能力；人人通的广泛应用，使网上传课、布置作业、批改和评价等得以实现，并形成了有效的网课体系。

随着时代的发展、科技的进步，今后必将会有更加丰富的现代媒体手段被引入课堂，深入教学过程中，引发我们的新探索。

（3）提高了团队的协作精神。随着本课题的深入研究，团队里形成了浓厚的研讨氛围，团队成员的求知欲和创造力得到了提高。互教互学、专题研讨等都使得课题组成员得到了精神上的净化和业务能力的提升。学科融合的探索性实践更是促进了大家的成长。例如，语文学科的诗词教学与音乐、美术学科审美教学的融合，数学学科的应用教学与科学学科实验教学的融合，英语学科的口语教学与劳技学科实践教学的融合等。广泛的交流和融合不仅使老师们不再局限于自身学科，还使学生们在宽泛、自由的学习中拓展了无限的想象、引申了立体的感知、激发了创造的思维。

（4）拓展了工作视野。通过本课题的研究，课题组成员摆脱了僵化的工作模式，立足于“朴素”的本源，探求“现代”的手段，使得工作目标更为明确和清晰，能够有的放矢地提高工作效率。课题组成员还初步了解了研究流程，树立了研究意识，接触了课题研究的概念、方法，丰富了研究思路，在不断学习、吸收各类理论的同时，拓展了工作视野，积累了有效的教学方法。

三、参考文献

[1] 国家中长期教育改革和发展规划纲要工作小组办公室．国家中长期教育改革和发展规划纲要（2010—2020年）[M]. 北京：人民出版社，2010.

[2] 教育部基础教育课程教材专家工作委员会．义务教育语文学科课程标准（2011年版）解读 [M]. 北京：北京师范大学出版社，2012.

[3] 郑金洲．教师如何做研究 [M]. 上海：华东师范大学出版社，2005.

[4] 袁振国．教育研究方法 [M]. 北京：高等教育出版社，2000.

[5] 陈桂生．到中小学去研究教育——“教育行动研究”的尝试 [M]. 修订版．上海：华东师范大学出版社，2003.

课题三　改革小学英语作业设计减轻学生负担的实践研究

一、课题组成员信息及分工情况

（一）课题组成员信息（见表 3－1）

表 3－1　　课题组成员信息

<table>
<tr><td rowspan="2">课题主持人</td><td>姓名</td><td colspan="2">单位</td><td>性别</td><td>现任职务</td><td>出生年月</td><td>学科</td></tr>
<tr><td>吕波</td><td colspan="2">天津市滨海新区大港二号院小学</td><td>女</td><td>教师</td><td>1974 年 2 月</td><td>英语</td></tr>
<tr><td rowspan="4">课题组主要成员</td><td>姓名</td><td>学科</td><td>年级</td><td>职务</td><td colspan="3">单位</td></tr>
<tr><td>王秀丽</td><td>信息技术</td><td>五年级</td><td>教师</td><td colspan="3">天津市滨海新区大港二号院小学</td></tr>
<tr><td>郭莉莉</td><td>英语</td><td>一年级</td><td>教师</td><td colspan="3">天津市滨海新区大港二号院小学</td></tr>
<tr><td>梁红涛</td><td>英语</td><td>四年级</td><td>教师</td><td colspan="3">天津市滨海新区大港二号院小学</td></tr>
</table>

（二）课题组成员分工情况

课题领导小组成员：郭孝敏、杨丽娟。

课题研究小组成员：吕波，负责课题的申报，撰写调查分析报告、阶段总结和结题报告；王秀丽，课题每个环节的初步审查与修改和课题报告的修改；郭莉莉，负责资料的收集整理及课堂教学实践研究、撰写作业设计及论文；梁红涛，负责资料的收集整理及课堂教学实践研究、撰写作业设计及论文。

二、课题详细信息

（一）课题由来

当今小学英语教学中，不少英语教师在布置作业时，作业内容枯燥、没有层次，作业形式单一，缺乏趣味性。教师只是布置教材或练习册上的习题，或上完课后随意布置，课前没有认真深入地根据教学内容及目标设计作业，作业大都是重复抄写，机械背诵。作业量虽然大，但不是结合学生所学的知识进行的运用，所以造成学生对英语课程没有兴趣。这样的作业，学生不喜欢做，压抑了学生的个性，束缚了学生的思维，学生不能很好地体验英语给生活带来的便利与用英语进行交流表达的喜悦。这样的作业，也造成了学生敷衍逃避、厌学的情况。经过分析与总结，我们认为主要存在以下具体问题。

（1）英语作业形式单一，缺乏趣味性。

（2）英语作业“整齐划一”，缺乏层次性。

（3）英语作业内容布置随意、缺乏系统性。

小学英语教师这样布置作业的现象，不但没有起到帮助学生巩固知识的作用，相反，还导致一些学生对英语课程失去了兴趣，尤其是学困生，久而久之，不完成英语作业就成了他们的习惯。

以上现象说明，改革小学英语作业的设计，是当前小学英语教学中迫切需要完成的重要任务。由此，我们课题组提出了本课题。

（二）课题界定

本课题中的小学生包含小学所有年级的学生。英语作业指课堂作业和家庭作业。

（三）研究目标

（1）通过课题研究，改革作业设计，激发学生学习英语的兴趣。

（2）通过课题研究，改革作业设计，减轻学生的课业负担。

（3）通过课题研究，提升全体英语教师的业务水平，促进教师不断成长。

（四）研究内容

（1）对英语传统作业设计存在的问题进行研究。

（2）探索新课程理念下作业设计的形式，形成可以在我校各年级全面推广的英语作业体系。

（五）研究情况

根据实际情况，此次研究分为四个阶段。

1. 设计申报

（1）组织研究队伍，成立课题组。

（2）制订研究方案，确定课题内容。

（3）完成申报，填写评审书。

2. 开题论证

（1）拟订实施方案，明确成员分工。

（2）组织课题组成员学习理论，收集相关资料。

（3）课题开题，撰写开题报告。

（4）邀请专家进行开题论证。

3. 实施研究

（1）课题组成员每人都制订具体的计划。

（2）全面实施课题方案，撰写论文和实验报告。

（3）课题组成员设计并实施本班的创新作业方案。

（4）对课题研究过程中获得的资料、数据分析汇总，撰写阶段性检查和中期报告。

（5）通过课堂教学观摩、发表论文和作业展览的形式展示研究成果。

（6）接受专家的中期评估验收。

4. 结题鉴定

（1）对资料进行汇总、分类，做好资料的补充、完善、总结工作。

（2）检查创新作业效果。

（3）编辑出版论文集和学生作业精品集。

（4）撰写研究报告，请专家鉴定成果。

（六）研究工作

自开题以来，课题组成员主要做了以下几个方面的工作。

1. 组织课题组成员学习，提高理论知识水平

两年来，课题组成员积极参加各级教学教研活动。校外，我们参加了本市和外省市的教育教学活动。校内，我们利用每周二下午的教科研时间，学习儿童心理学、多元智能理论、新课标关于作业的新理念等相关理论知识。通过学习，课题组成员掌握了最新的教育教学和课题研究的相关理论知识，提高了教科研水平。

2. 充分保证课题研究时间

课题组成员在各自班级日常的教学工作中进行课题研究。我们坚持每周一次的科研例会制度，及时总结实验情况，以便更好地部署下一阶段的研究工作。我们多次召开课题组会议，落实研究任务，分享、交流阶段性研究成果。

3. 多形式、多渠道开展课题研究

（1）规范课题研究管理，积极进行课题研究。开题以来，我们先后举办了说课、集体备课、课堂高效课和评课等一系列教学活动。首先，授课教师在组内进行说课，然后课题组成员就这节课在组内展开讨论。其次，授课。最后，授课后，人人参与评课，组内成员开诚布公地探讨授课教师教学中出现的问题。两年来，通过老、中、青教师的资深展示课、精品公开课、初出茅庐汇报课以及导师带徒等一系列活动，课题组教师的业务水平得到了极大提高。

（2）采用多种形式进行教育科研学习与培训。课题研究中，我们采用“走出去、请进来”的方式进行学习与培训。在研究过程中，学校组织课题组教师分批次到北京教育学院、北京大学，和杭州当地的一些学校进行培训、学习；邀请了天津市教委的肖庆顺老师和海滨教育学会的安文成老师来我校做专题讲座并指导教学科研工作；同时还外派实验教师到油田一中和塘沽参加了市、区教育学会课题结题工作辅导讲座。

（3）围绕课题，积极开展学生特色活动。开展课题研究以来，我们一直坚持课堂教学与学生活动相结合。两年来，我们多次举办了英语创新活动：“跳蚤”市场、校园粉笔画、手抄报等。这些活动的举办，巧妙地改变了英语作业的方式，极大地激发了学生学习英语的兴趣。

（4）阶段小结。在课题实践中，我们按以下六个步骤实施：确定课例、独立备课、集体备课、试讲初探、评课修改、展示汇报。在完成前五个环节后，我们实验教师每月进行一次课题展示汇报。之后，全体听课教师再对其进行评课，检验课题的实验效果。

在两年的课题实验中，我们共设计了四轮课堂教学实践。每一轮我们都按以上实验步骤来进行，每一轮实验过后，大家都要对课堂教学实践进行总结分析，找出优点与不足并撰写调查分析报告。实验前期及后期进行问卷调查，分析总结课题实验情况，制订下一轮的改进措施，撰写阶段性总结报告。在课堂教学实践中，实验教师注重收集、积累实验成果，为后期的结题工作打好基础。

（七）研究结论

在两年的实践与探索中，我们对英语作业的设计进行了一些有创意的探索，设计了五种作业形式：分层作业、实践作业、创编作业、调查作业、整合作业。根据教师布置作业的不同目的，我们有如下建议：尊重个体差异，设计分层作业；增强语言的运用能力，设计实践作业；提供学生展示的平台，设计创编作业；联系学生生活，设计调查作业；加强学科间联系，设计整合作业。

本课题历时两年，在此期间，课题组成员积极开展实践探索，认真探究了如何对现今小学英语作业进行改革，积累了很多实用的信息和资料。经过改革与实验，学生学习英语的兴趣更加浓厚了，学习态度更加明确了，也越来越喜欢做老师布置的英语作业了。主要有以下表现。

1. 激发了学生学习英语的兴趣，提高了语言的综合运用能力

随着课题的不断深入，学生受益匪浅。学生们在每节课上及课后完成教师精心设计的作业过程中，掌握了更多的英语知识与技能。学生对英语课和英语作业的兴趣大增，大部分学生能按时、高质量地完成作业。到目前为止，我校的学生在英语统考中都取得了好成绩，课堂表现和作业质量也得到了领导及学生家长的充分肯定。

2. 发展了教师独立探究的能力，收获了作业设计的宝贵经验

在研究过程中，课题组成员不仅扩展了专业知识，探究能力也得到了提升。在英语组，以课题引领教研组成员共同成长的模式在校内也获得了巨大成功。作为课题负责人，吕波老师设计的围绕该课题的各类教研活动也促进了整个英语教研组业务能力的提高，教师们对作业设计和课堂教学有了更深层次的认识，设计的五种作业形式有效结合了学生的心理、年龄特征，充分发挥了学生的能动性，真正地将课堂教学与学生的自主学习融合在一起。

到目前为止，我们课题组已经积累了数套符合我们学校学情的作业设计方案。本课题所研究出来的成果，在我们日常的教学及送课下乡等活动中，进行了实践运用，得到了市、区级教研专家、同行们的高度评价。

三、参考文献

[1] 中华人民共和国教育部. 英语课程标准 [M]. 2011 年版. 北京: 北京师范大学出版社, 2017.

[2] 金小英. 教学有方略 [M]. 北京: 中国社会出版社, 2008.

[3] 庞伟国. 自主学习: 学与教的原理和策略 [M]. 上海: 华东师范大学出版社, 2003.

[4] 王耘, 叶中耕, 林崇德. 小学生心理学 [M]. 杭州: 浙江教育出版社, 1993.

[5] 周小山. 教师教学究竟靠什么——谈新课程的教学观 [M]. 北京: 北京大学出版社, 2002.

[6] 加德纳. 多元智能新视野 [M]. 沈致隆, 译. 杭州: 浙江人民出版社, 2017.

[7] 玛扎诺, 皮克林, 波洛克. 有效课堂 [M]. 张新立, 译. 北京: 中国轻工业出版社, 2003.

课题四　形成性评价策略在小学英语教学中的应用研究

一、课题组成员信息及分工情况

（一）课题组成员信息（见表4-1）

表4-1　　课题组成员信息

<table>
<tr><td rowspan="2">课题主持人</td><td>姓名</td><td colspan="2">单位</td><td>性别</td><td>现任职务</td><td>出生年月</td><td>学科</td></tr>
<tr><td>曹艳敬</td><td colspan="2">天津市滨海新区塘沽于庄子小学</td><td>女</td><td>教师</td><td>1985年2月</td><td>英语</td></tr>
<tr><td rowspan="5">课题组主要成员</td><td>姓名</td><td>学科</td><td>学段</td><td>职务</td><td colspan="3">单位</td></tr>
<tr><td>张海英</td><td>英语</td><td>初中</td><td>教师</td><td colspan="3">天津市滨海新区大港油田三中</td></tr>
<tr><td>李晓楠</td><td>英语</td><td>小学</td><td>教师</td><td colspan="3">天津市滨海新区汉沽体育场小学</td></tr>
<tr><td>孙振琴</td><td>英语</td><td>小学</td><td>教师</td><td colspan="3">天津市滨海新区塘沽刘南小学</td></tr>
<tr><td>李随新</td><td>英语</td><td>小学</td><td>教师</td><td colspan="3">天津市滨海新区塘沽馨桥园小学</td></tr>
</table>

（二）课题组成员分工情况

曹艳敬（课题主持人）：负责组织课题组成员开展本课题研究，并进行开题报告、中期报告、结题报告的整理。

张海英：主要负责大港相关学校学生信息的收集，并对其进行分析，与课题组其他成员共同协作进行本课题研究。协助课题主持人进行前期数据的调查和分析。

李晓楠：主要负责汉沽相关学校学生信息的收集，并对其进行分析，与课题组其他成员共同协作进行本课题研究。协助课题主持人进行过程性资料的收集与整理。

孙振琴、李随新：主要负责塘沽相关学校学生信息的收集，并对其进行分析，与课题组其他成员共同协作进行本课题研究。协助课题主持人进行阶段性计划与总结，做好课题研究制度建设。

二、课题详细信息

（一）课题由来

小学时期，儿童的自我意识快速发展，教学过程中，教师的评价对学生的身心发展具有很重要的意义。小学生渴望被认可、被赞扬，教师的评价不仅是对学生学习成果的反馈，还起着导向作用。科学正确地运用形成性评价，能激发学生的学习兴趣，使其树立学习英语的自信心，从而提高学习英语的效率。

（二）课题界定

1. 教学评价的含义

在现代汉语中，评价有评定价值高低的意思。教学评价这一概念包含以下三层含义。

（1）教学评价要以教学目标和一定的价值标准作为判断的依据。教学目标和价值标准不是固定的，它们随着社会的发展、科学的进步而不断发生变化。因此，教学评价的依据及标准就本质而言是由社会的发展决定的。

（2）教学评价要采用各种科学可行的方法和技术收集教学信息，这样才能保证教学评价活动得以顺利开展，从而获取丰富的教学信息。

（3）教学评价是对整个教学活动过程的评价，它涉及教学的各个领域。

2. 教学评价具备的作用①

普遍认为教学评价具备五种作用，具体如下。

（1）导向作用，是指教学评价能够引导评价者根据评价结果及时调整教学内容和方法，通过评价更好地指导教学，提高教学效率。

（2）诊断作用，是指通过教学评价对评价对象进行认定、判断，即判断评价对象的水平是否达到理想程度。

（3）反馈作用，是指教学评价能够帮助评价对象发现自身的问题，促使其不断改进和完善自己的功能。教学评价主要利用“反馈原理”，通过评价对教学活动和教学过程进行监控，并根据获得的信息及时调整，强化利于目标实现的教学行为，提高教学效率。

（4）促进作用，是指教学评价对评价对象学习活动的控制和调节作用。一方面，评价者要给予被评价者一定的指导；另一方面，被评价者要根据评价者的指导，了解自己的长处与短处，实现自我完善。

教学评价不仅要帮助优秀学生进入良性循环，不断挖掘潜力，获得最大限度的成功，而且要避免使困难学生进入恶性循环，要让他们树立自信，看到进步的希望，相信只要努力就一定能获得成功。

（5）激励作用，教学评价对于学生具有正向的激励作用，能够激发学生的学习热情，成为学生学习的源头活水。

由此可见，恰当的教学评价能让学生在教师的评价过程中感受到自己的成长和进步，产生荣誉感、自豪感和成就感，有利于激发积极性、主动性和创造性，在学习过程中变被动为主动。

3. 英语教学评价

英语教学评价在英语教学中具有重要作用，它不仅是评判、选拔学生的工具，更能以其自身的激励和促进作用，激发学生学习英语的热情，增

① 王斌华．学生评价：夯实双基与培养能力［M］．上海：上海教育出版社，2010.

强学生学习英语的自信心，使学生获得满足感和成就感，提升学生学习英语和运用英语的能力。

（三）研究目标

通过本次研究，课题组调查发现了适用于小学生的英语形成性评价策略，帮助学生形成正确的人生观、价值观、学习态度与优良的个人作风，提高学生英语学习的积极性，树立学生英语学习的自信心，使教师的英语教学更高效。

（四）研究内容

小学英语教学中对学生的正确评价，可以给予学生更大的发展空间，同时通过收集学生日常的学习情况及课堂学习气氛的信息，可以帮助老师了解每一个学生的学习情况和学习需要，随时调整教学内容和方法，从而提高学生的学习效率。评价的内容包括学生的学习兴趣、学习态度、学习能力、合作精神、参与程度、书面作业、口头表达等。评价的方法有很多，可以是考查、观察、测试、谈话、比赛、自我评价、学生互评等。

本课题旨在研究何种评价策略更适合英语教学，更有利于小学生的英语学习。本课题通过对调查结果进行分析、判断，逐步建立有利于小学生学习进步和人格形成的科学的英语教育评价体系。

英语教学活动比其他科目的更加丰富，包含听、说、读、写、演、画、唱等多种形式。本研究也将通过实验、问卷等形式，实施适用于英语教学活动的新型的形成性评价方式，丰富形成性评价的方式和内容。

（五）研究情况

课题组成员分布在滨海新区的三个区域，因此本课题对于滨海新区农村范围的小学生英语水平的现状评估及原因分析还是具有普遍性的。本次研究共分为以下三个阶段。

第一阶段：课题组于2017年9月制订了研究方案。同时确定了第一学期的研究计划，进行学生问卷、教师问卷、家长问卷调查以采集信息和收集数据，了解现行的评价方式及策略，以及现行评价体系中存在的问题。

第二阶段：小组对所收集的信息、数据进行整理与分析，并探寻形成性评价的应用现状和问题成因。

第三阶段：小组成员共同努力，形成结论，提出合理化建议。

（六）研究结论

1. 评价方式在小学英语教学中的应用现状

通过对小学生的调查，了解评价方式在小学英语教学中的应用现状，了解小学生喜欢什么样的评价方式，以及教师常用的评价方式；通过与小学教师的访谈，了解现行评价体系中存在的问题及问题产生的原因，以及归纳总结更多的评价方式。

（1）小学英语教学中教学评价主体的状况。为了更好地发挥英语教学评价的主体作用，探寻多元主体结合的评价方式，对小学英语教学中教学评价主体的状况进行了调查统计（见表4－2）。

表4－2　小学英语教学中教学评价主体状况的调查统计

项目2 / 项目1	A		B		C		D	
	人数（人）	所占比例（%）	人数（人）	所占比例（%）	人数（人）	所占比例（%）	人数（人）	所占比例（%）
平时对你英语学习表现做出评价最多的是 A. 老师　B. 同学 C. 自己　D. 家长	160	80	8	4	8	4	24	12

续 表

项目1 \ 项目2	A		B		C		D	
	人数（人）	所占比例（%）	人数（人）	所占比例（%）	人数（人）	所占比例（%）	人数（人）	所占比例（%）
家长对老师给予你的英语学习表现评价的态度是 A. 非常在乎 B. 在乎 C. 不大在乎 D. 不在乎	120	60	64	32	8	4	8	4
在英语合作学习中，同伴对你的学习表现给予评价的频率为 A. 经常评价 B. 有时评价 C. 偶尔评价 D. 从不评价	40	20	72	36	88	44	0	0

通过表4－2的调查结果，可以得出这样的结论，目前小学英语教学过度重视教师评价，教师仍然是评价的主体，而忽略了学生等其他评价主体的共同参与。表4－2的结果显示：现今教育环境下，80%的评价来自教师，12%的评价来自家长。虽然新课标要求评价主体多元化，但在现实生活中，教师仍然是教学评价的主体，家长只起辅助作用。而且通过调查发现，60%的家长非常在乎教师对自己孩子的评价，32%的家长在乎教师对自己孩子的评价，这说明大多数家长都在乎教师对自己孩子的评价。从上表还可以看出，学生之间相互评价的情况并不乐观，有时和偶尔评价的比例达到80%。

新课标认为评价主体应由教师、学生和家长共同组成，但现实情况是教师评价占据了教学评价的主导地位，有的学校鲜有甚至没有生生评价、自评和家长评价。学生在学习过程中不明确学习目标，不懂得学习方法，对他人、对自己都没有很好的估计和判断。在调查中，当学生被问及“你认为自己在英语学习中不擅长什么?”时，大多数都不能很好地回答，说明学生自我评价和自我反思的能力很差，他们不能从学习中找出自己的薄弱处，从而更好地调节和改进，进而达成自己的学习目标。因此，在教学评价过程中，自评、互评、家长评等多主体共同参与的评价模式应该被逐渐建立，以确保学生能正确地认识自己、评价自己，向着既定的目标前行。

（2）小学英语教学评价方式使用的状况。为了了解现今小学英语教学评价方式使用的真实状况，更好地发现问题，对小学英语教学评价方式的使用情况进行了调查统计（见表4－3）。

表4－3　　小学英语教学评价方式使用情况的调查统计

项目1 \ 项目2	A		B		C	
	人数（人）	所占比例（%）	人数（人）	所占比例（%）	人数（人）	所占比例（%）
你认为期末英语考试成绩对你来说 A. 很重要　B. 一般 C. 不重要	188	94	8	4	4	2
你觉得你父母更在乎你的期末英语成绩，还是平时的英语学习表现 A. 期末成绩　B. 平时表现 C. 都注重	4	2	12	6	184	92
你觉得老师更在乎你的期末英语成绩，还是平时的英语学习表现 A. 期末成绩　B. 平时表现 C. 都注重	164	82	20	10	16	8
老师除对你的英语考试成绩进行表扬外，对你的团队合作、自学能力等方面取得的成绩给予表扬的频率为 A. 常常会　B. 偶尔会 C. 不会	48	24	130	65	22	11

通过以上调查得到的信息，我们可以做出以下分析。

①教师过度重视分数与名次，忽略学生学习过程中的成长与进步。从表4－3中可以看出，94%的学生认为期末考试成绩很重要，82%的学生认为老师更注重期末英语成绩。“以分数论成败”的评价观念在已实施素质教育多年的今天仍然根深蒂固。无论是老师、家长还是学生本人，都非常在乎期中、期末考试的成绩。这种做法直接导致学生为了分数和名次去学习，极大地打击了学生学习的积极性，同时也导致学生在道德、情感、人格、健康等多方面有严重的缺失或者偏差。近年来，学生身上也不断暴露出因过分追逐分数而产生的诸多问题，如高分低能、残害动物、犯罪、自杀等社会焦点问题。追根溯源，这些问题就是平时老师、家长对学生的教育过分注重学习成绩，而忽略了对思想道德等的评价造成的。

小学英语教学也没有摆脱社会大趋势的影响。英语是一门应用学科，社会对英语学习的关注度日益上升，各种培训机构、补习班铺天盖地，再加上未来就业的趋势和高考这一重要的指挥棒，直接导致家长对英语的重视程度比其他学科高。而能直接体现一个学生对英语的掌握程度的标准，非考试莫属。面对这一现状，在日常教学中，大部分教师还是把教学评价的重心放在了考试成绩上。如果教师只关注成绩，而不关注学生的学习过程，则会打击学生学习英语的自信心和积极性。

②教师过度重视终结性评价，忽略形成性评价。

终结性评价是一种传统的评价手段，是在完成教学任务后，为检测学生的学习情况而实施的评价。但是终结性评价只能显示学生最终的分数和等级，让学生了解自己知识上的漏洞，却无法衡量学生的学习态度、努力程度等，也无法为其提供更多的关于学习方法等方面的帮助。

形成性评价是一种新兴的评价方式，要求关注整个教学过程，如家庭作业完成情况、课堂测验成绩、课堂表现等。形成性评价更注重对于细节的分析，让学生不断反思学习过程中出现的问题并做出及时而正确的调整，有利于端正学生的学习态度，改进学生的学习方法。

终结性评价和形成性评价在评价过程中同等重要，在教学过程中应该是相互依存、相辅相成的，二者互为补充，缺一不可。调查结果（见表4－3）显示82%的学生觉得教师更多地关心期末成绩而不是学习过程。在小学英语教学中，教师过分注重终结性评价，万事以最后的成绩作为判断学生学习好坏的标准，容易挫伤学生学习英语的兴趣和自信。譬如，有的学生语法不好，但是口语很强，有的学生听力很棒，有的学生可能总体水平都不行，但确实付出了很大的努力，为这些学生提供形成性评价就能很好地给予他们激励和肯定，并为其以后的学习提供更强大的动力。

③教师过度重视对掌握书本知识情况的评价，忽略对学习过程中其他方面的评价。

调查结果（见表4－3）显示，仅有24%的学生认为教师除了对学生英语考试的成绩进行表扬，还会对学生的团队合作、自学能力等方面取得的成绩进行表扬。因为受考试这种终结性评价的影响，在教学过程中，教师、家长和学生本身过度重视对掌握书本知识情况的评价，正所谓，“基础不牢，地动山摇”，为了学好书本上的知识，学生加重了机械记忆，其死记硬背的能力大都不错，但是其他方面的能力有待提高。

在这样的评价体系下，造就了一批高分低能、只擅长考试的学生。所以，当中国的孩子和美国的孩子一起学习时，会发现中国的孩子虽然擅长背诵和考试，但动手能力和创新能力远不及美国的孩子。过度重视对掌握书本知识情况的评价，损害了学生的创造性思维，导致他们只会“拿来主义”，不做深入思考，不会实践。

便于被量化考查的书本知识，固然是通往成功大门的金钥匙，但是那些不容易被量化考查的，譬如社交技能、自学能力、团队精神等也逐渐成为未来社会竞争的必备利器。美国著名学者雷文认为：教师、家长、学生一致认为，教育应该首先关注创新能力、与他人合作的能力、有效交流的能力、自我观察的能力、自学能力以及自信的培养。因此，教师在日常教学中不应单单关注学生是否习得了书本知识，而应该为学生创设更多的机会，让学生在语言学习的过程中培养综合运用能力。

（3）小学英语教师常用评价方式的状况。为了解小学英语教师常用评价方式的状况，更好地实现教学评价的多样性，对小学英语教师常用的评价方式进行了如下调查统计（见表4－4）。

表4－4　　小学英语教师常用的评价方式的调查统计

项目2 / 项目1	A		B		C	
	人数（人）	所占比例（%）	人数（人）	所占比例（%）	人数（人）	所占比例（%）
英语课上，你表现不大好时，老师一般用什么语言要求你改进 A. 批评性的语言 B. 鼓励性的语言 C. 不做任何评价	128	64	44	22	28	14
你对英语学习的兴趣和信心，受老师平日对你语言评价影响是 A. 大　B. 小　C. 没影响	144	72	34	17	22	11
你英语作业本上老师评语出现的频率为 A. 经常有　B. 偶尔有 C. 几乎没有	148	74	36	18	16	8
你作业本上老师给予的评语经常是 A. 优、良、中、差 B. 小印章 C. 激励性语言	136	68	54	27	10	5

通过对调查问卷相关题目的统计分析，可以看到，在小学英语教学中教师口头和书面评价流于形式，其他形式的评价相对较少。

在小学，口头评价多于书面评价。但在课堂评价中，口头评价大都流于形式，对学生起不到激励作用。并且从表4－4中可以得知，有64%的学生认为教师多用批评性的语言对他们的错误进行指责，这些口头评价通常都比较严厉，有72%的学生认为教师平日的语言评价对他们有很大影响，因此这些严厉的口头评价大大打击了学生的学习信心和兴趣。

书面评价也是教师在教学过程中比较常用的一种评价方式，而且是比较有效的评价方式。有74%的学生提及自己的作业本上经常有教师的评语，但是在评语形式调查这一题目中，有68%的学生选择了“优、良、中、差”，能够运用激励性语言进行评价的仅占5%。长期以来，许多教师习惯了书面评价，评语也变得格式化，缺少激励性，更没有成为与学生沟通的良好桥梁。下面再看看其他方式的英语评价调查结果（见图4－1）。

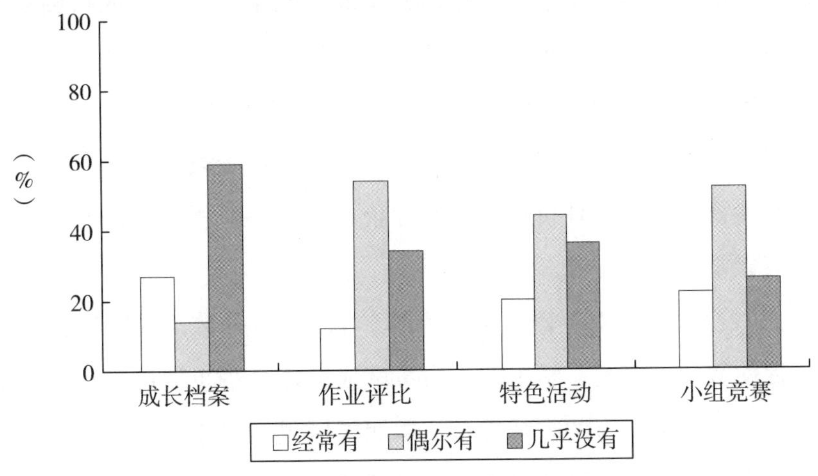

图4－1　小学英语教学中其他评价方式的状况描述

图4－1显示：有59%的学生说教师为他们建立了成长档案，但是几乎没有使用；12%的学生认为教师会经常进行作业评比；20%的学生认为

教师会经常举办特色活动；22%的学生认为教师经常举行小组竞赛。虽然成长档案已在多个学校推广建立，但多流于形式，有的甚至是为了应付检查而建立。

以上这些数据无疑证明了当今小学英语教学中评价形式的单一化和程序化。书面评价和口头评价只是评价方式的一部分，面对新课标的要求，要想培养全面发展的学生，评价方式必须多样化。英语又是一门应用学科，注重对语言知识的综合运用，要想评价学生英语方面的创新能力、合作交流能力、听说技能、情感态度等，单靠口头评价和书面评价是有一定局限性的，而结合口头激励、观察、访谈等的评价方式会使英语教学更高效。

（4）小学生喜欢的英语教学评价方式的状况。在调查问卷中我们设计了关于学生是否喜欢教师对其评价的问题，结果显示，学生们渴望从他人那里得到鼓励和认可。他们在意老师及同学的评价，更希望基于评语与老师沟通。在课堂上，如果被告知评价规则，他们会更乐于主动参与课堂活动并赢取胜利。66%的学生表示他们喜欢成长档案，并认为成长档案对自己有影响，希望可以更多地利用它从而展示自己。

2. 对于小学英语教学中评价方式的应用问题成因的剖析

通过以上的调查不难看出，现今英语教学中对于教学评价方式的应用仍然存在着评价主体、评价形式以及评价内容单一、程式化的弊病。究其原因，有以下几点。

（1）社会大环境对英语教学评价的影响。“以分数论成败”的社会大环境，促使教师、家长、学生都认为考试成绩才是最重要的，也是最能说明问题的。访谈中，有的教师提及，学期末区里会对平均分、优秀率、及格率进行全区大排名，开学的教学会也会对上学期的期末成绩进行分析，所教学生成绩不好的教师会被校长约谈。虽然成绩不能完全说明教师平时工作的努力程度，但这些也都无形增大了教师的教学压力。因此，在日常教学中，教师无疑会受其影响，将评价的重心偏向学习成绩和平时的作业练习，忽略了对学生其他方面的评价。

以六年级为例，每周英语课只有 3 课时，紧张的课时和相对较多的教学内容造成了教师教学上的负担，学生成绩参差不齐，为了取得良好的教学成绩，题海战术成了教师提高学生成绩的主要途径。英语是一门应用学科，很多学生平时没有语言环境，家长能给予的帮助也较少，只能靠教师在每节课上争分夺秒。以成绩为目的，以题海为途径，教师必然没有时间开展各种课堂活动；没有课堂活动，多种形式的教学评价必然减少。虽然口头评价和书面评价不难实施，但是教师更愿意把更多的精力投入判、改、默、背中，这一切都促使英语教学评价的方式单一化、程式化。

（2）教师旧有的评价观念难以改变。受旧有观念的影响，一些教师难以改变评价方式，尤其是一些老教师。在访谈中，上了岁数的教师都认为自己年纪大了，新的评价方式比较适合年轻的教师，自己上课时运用起来不习惯；平时也不喜欢在班级中开展英语竞赛或者任务评比等，认为自己没有精力或能力不够。旧有观念导致多数教师仍然用自己习惯的方式进行教学评价，这必然会影响新型英语教学评价方式的建立和实施。

（3）教师缺乏终身学习的意识和接受新方法的主动性。教师的专业发展是课程改革的重要环节。新课标指出：教师应该成为学习的组织者、引导者与合作者。因此，教师要树立终身学习的意识，加强教育理论学习，努力提高自身素质，扎实提高课堂教学的有效性。

在访谈过程中发现，多数教师因为家庭、个人等多种原因，不愿意继续深造，虽然多数教师参加过区域或学校组织的各种教研活动，但大都应付了事，能够主动积极参加进修的人极少。并且，在问及教师每学期会学习几本与教育教学相关的书籍、杂志时，各位教师给出的数字更是少得惊人。有的教师说，能有时间翻翻就很不错了。显然，多数教师缺乏终身学习的意识，不能主动学习并将新方法运用到自己的英语教学中来，这也成为影响英语教学评价改革的主要因素。

（4）教师缺乏融合多门学科、博采众家之长的教学意识。著名语文教师夏昆曾说：不想教英语的音乐老师不是好语文老师；要想给学生一杯水，自己就要有一桶水。作为一名英语教师，学科不能成为阻碍自己发展的借口，博学多才，与时俱进，才更符合英语学科教学的特性。

在访谈中，大多数教师更倾向于听本学科的课或参与本学科的教研活动，对于其他学科的教学关注较少。夏昆老师在教语文时，曾将英文歌曲赏析加入语文教学中。英语学科也是一门语言类学科，也应博采众家之长，凡是有助于英语学科教学的经验、模式、方法都可以借鉴。譬如，英语学科的评语可以借鉴语文学科写成一首小诗。多数教师只在自己的小方寸间进行教学的行为，也是教学评价改革很难推进的原因之一。

通过对小学英语教学中教学评价方式的应用现状进行调查研究，对问题产生的原因进行剖析，可以明确，现今社会，英语教学评价体系的建立和完善需要英语教师主动探究，通过对小学英语教学中形成性评价方式的正确使用，增强学生学习英语的兴趣和信心，从而促使英语教学效率的提高。

3. 形成性评价方式及其应用

（1）课堂教学中的形成性评价方式。经过归纳总结，我们认为课堂教学中的形成性评价方式主要有以下三种。

①口头评价。口头评价是教师在日常英语教学中最常使用的评价方式。教师能够在日常教学中根据具体情况，对学生的表现直接、及时地进行评价，使学生快速意识到自己的问题和不足，并为其指明方向。口头评价易于激励学生，使其更乐于自主探究，朝既定目标奋进；也最容易被学生接受，拨动学生的心弦。现今社会倡导“赏识教育”，因此，口头评价应以激励包容为主，批评纠偏为辅。

②任务竞赛评价。任务竞赛评价将小学生最喜欢的小组竞赛和特色活动相结合。教师在组织学生以竞赛的形式完成相关任务后，对获胜者给予不同形式的评价鼓励。任务竞赛评价寓教于乐，学生可以在玩中交流合

作，从而巩固新知，提高学习效率，对完成教学目标有很大的帮助。

例如，在讲授完对话课文后，根据难度的不同，教师可以将任务分为三个层次：能够读出来、能够背诵、能够表演。教师通过对任务难易程度的设置，开展了分层教学，并且将选择的权利给予学生。学生认为自己可以完成哪个层次的任务，就选择相应的任务，并且获得相应的奖励。教师充分利用评价激发学生的学习热情，鼓励学生尽可能地展示自己、提升自己。

③合作评价。合作评价是以“小组”为单位，激发学生的参与热情，培养学生的合作能力，提升学生在实际情景中的英语运用能力。

分组的形式有很多种，既可以分成男生组、女生组，也可以分成若干合作小组。可以给各个小组起一个独特的名字，然后比一比，看哪组获得的奖励最多等，将小组合作评价贯穿课堂始终。

教师在进行分组后，一定不要忘记在结束时进行总结评价，赞扬获胜小组，鼓励其他小组继续努力，迎头赶上。

（2）课堂评价工具的妙用。根据美国心理学家斯金纳的“刺激—联结”说，课堂评价工具可以作为英语课堂上评价的强化物，如小红花、小星星等。课堂评价工具是对学生学习活动的赞扬和肯定，通过量化评价，点燃学生竞争学习的热情，促进课堂教学效率的提升。同时，它也具备矫正学生不端正的学习态度或不良的行为习惯的功能。

英语课上，教师比较喜欢用贴纸奖励学生。如教师可以事先准备漂亮的卡通贴纸，用于奖励上课回答问题正确或者表现出色的学生，也可以根据教学内容自制与教学内容相关的贴纸。

例 1：在讲“春天”一课时，可以制作与教学内容一致的贴纸，比如小鸟、花朵、动物、孩子等，在讲授过程中作为奖励发给学生，在最后的练习环节，让学生用得到的贴纸制作一幅春之图，学生学习的积极性就会大增。这样，贴纸既起到评价作用，又与教学活动相结合，还成为学生课堂活动的教具，一举多得。

例 2：在讲授“职业”一课时，在学生回答问题正确或者完成课堂任务的时候，奖励他们一张心形便利贴——上面有教师提前设计好与本课相关的练习句子“I want to be（我想成为）________”。在最后设计一个“梦想秀”环节，让每一个拿到便利贴的学生完成自己的梦想卡片，再把自己的梦想大声说出来，然后将便利贴贴到黑板上。梦想卡片的奖励鼓励了每一个学生在前期积极参与课堂教学，唯恐自己得不到卡片，失去展示梦想的机会；“梦想秀”又让每一个学生认真思考自己的梦想，鼓励他们为了实现自己的梦想而努力。一张小小的心形便利贴，不仅将整堂课贯连起来，还对学生起到思想教育的作用。

例 3：在讲授三年级对话课文时，因为课文比较简单，对话句子较少，教师可以将与课文相关的对话内容写在奖励贴纸上，通过前期的活动奖励下去，然后利用写有对话的奖励贴纸开展对话表演，可谓一举两得、物尽其用。

例 4：在讲授四年级服装单元时，可以把奖励贴纸制作成与课文内容相关的小衣服奖励给学生，再利用这些小贴纸进行对话表演或游戏，同时可以设计一个服装展示柜，让学生将自己一节课的成果贴在自己的展示柜中。在小贴纸的激励下，学生更乐于参与课堂活动，丰富自己的展示柜。当然，这个方法也可用在文具、食品等单元。

例 5：在讲授颜色话题时，可以在课堂伊始给每组学生一条没有颜色的彩虹，只要学生的课堂任务完成得好，就给发一支相关颜色的画笔，最后总结看哪一组的彩虹颜色全，最漂亮。为了完成自己小组的彩虹作品，孩子们在这节课上肯定会积极参与，主动探究。

英语课上，教师还可以使用一些评价标识，比如红心、笑脸、哭脸、红旗、奖章等，让学生开展互评和自评。例如，开展听力活动后，可以让学生对自己的完成情况进行评价，好就画一个笑脸，一般就画一个平脸，不好就画一个哭脸。通过这样的自评，发挥学生在评价中的主体作用，引导学生认识自我，培养学生自我评价、自我反思的良好品格。

当然教师还可以根据教学内容选择多种评价工具，配合教学任务对学生进行评价，发挥教学评价的“反拨作用”，以评促教，以教促学。

（3）小学英语教学中形成性评价方式在课堂外的延伸，主要有以下几种。

①评语。评语是书面评价的一种，也是教师最常用、最易操作的评价方式。语文教学中教师对评语的使用已经驾轻就熟，但是在英语教学中，教师对评语的使用却不尽如人意，很多教师仅仅是用“Very Good（非常好）”、“Great（很好）”等简单的评价对学生的作业敷衍了事，忽略了评语在日常作业中所具有的重大作用。评语在英语作业中的正确使用不仅是对学生作业完成质量的评价，更能为学生创设学以致用的情境，还是和学生进行交流沟通的有利途径，一举多得，何乐而不为？与语文评语不同，英语教师在书写评语时应该结合小学生的年龄特点和知识水平，尽量选择学生看得懂的句子，简短精辟。

②作业展示评价。通过展示学生的特色作业，对学生进行评价。例如，在学习形状一课时，可以让学生用三角形、圆形、长方形和正方形等设计图画，并用英文解释自己的创作。一般利用课堂开始的时间进行作业展示，并对优秀作业进行表扬与评价，这更有利于激发学生的学习兴趣，并树立自信心。

③问卷评价。问卷评价易于教师及时与学生进行沟通，并且及时了解学生的学习情况，从而调整自己的教学进度和教学方法。如可以设置下列问题（见表4－5）。

表4－5　　　　个人学习情况调查表

项目	回答
a. 本节课你学会了哪几个单词?	
b. 本节课你学会并运用了几个英语句子?	
c. 本节课你学会了哪几首英语歌曲?	

续 表

项目	回答
d. 本节课在老师提问时，你举过几次手？	
e. 本节课你参与了哪些课堂活动？	
f. 本节课你觉得哪里学起来比较困难？哪里还有疑问？	
g. 本周你从课本以外学会了哪些英语单词、句子或歌曲？	
h. 通常你每天用多少课外时间学习英语？	
i. 本周你对家长说过哪些英语单词或句子？	
j. 本周你最喜欢哪节英语课？	

这样的问卷调查，教师可以根据教学目标和实际情况每堂课或者每周进行一次，既有利于学生对自己的学习情况进行反思和总结评价，又有利于教师及时掌握学生的学习情况，及时调整教学进度和方式。

④学习评价量表。通过设计学习评价量表，用数字表示学生课堂行为（已发生的）的等级，根据学生的实际表现对学生进行评价。学习评价量表可以让学生了解自己的学习态度，激发学生的学习信心和兴趣。课题组根据英语的教学特点和学生实际设计了两个比较实用的评价量表（见表4－6与表4－7）。

表4－6　　课堂表现评价表

班级			姓名		
时间					
发言情况					
守纪情况					
获奖情况					
单词听写					
作业展示					
课文背诵					

表 4－7　　学习任务完成情况记录表

班级			姓名		
时间					
家长意见	☆☆☆ ☆☆ ☆	☆☆☆ ☆☆ ☆	☆☆☆ ☆☆ ☆	☆☆☆ ☆☆ ☆	☆☆☆ ☆☆ ☆
默写单词					
听读课文					
唱英语歌					
特色作业					
课外阅读					

通过这两个学习评价量表就可以对学生当天在学校和家庭的学习情况有一个基本的了解，便于老师开展教学。

⑤合作评价。合作评价是将教学评价与分组教学相结合的评价方式，在小组合作中引入竞争机制，通过对小组合作的结果进行评价，使学习变得生动有趣又富有挑战性。课上能够使学生聚精会神，课堂参与度高，气氛活跃；课下也能够使学生积极主动地进行合作学习。活动后对全班的各个小组进行评价总结是合作评价最重要的一环。在评价过程中，必须照顾到少数基础稍差的学生，以激励性评价为主，赞扬他们的点滴进步，让他们体会到进步的喜悦，激发他们的学习兴趣，调动他们的学习积极性。

综上所述，英语教师在使用形成性评价方式的过程中，不仅要关注学生的学习成绩，更要注重引导学生的学习方法、学习态度等。教师要指导学生把学习新知识与日常生活联系起来，从而拥有属于自己的收获，得到全面发展。

三、参考文献

［1］刘树仁．小学教学论［M］．北京：人民教育出版社，2003.

[2] 王斌华. 学生评价：夯实双基与培养能力 [M]. 上海：上海教育出版社，2010.

[3] 伍德. 评估与测试：研究综述 [M]. 北京：外语教学与研究出版社，2001.

[4] 张庆林，杨东. 高效率教学 [M]. 北京：人民教育出版社，2002.

[5] 肖成全. 有效教学 [M]. 大连：辽宁师范大学出版社，2006.

[6] 王本陆. 中国教育改革30年：课程与教学卷 [M]. 北京：北京师范大学出版社，2009.

[7] 王雁. 普通心理学 [M]. 北京：人民教育出版社，2002.

[8] 博林，德温，里斯-韦伯. 教育心理学 [M]. 连榕，缪佩君，陈坚，等译，北京：机械工业出版社，2010.

[9] 邵清燕. 学生评价与学法指导 [M]. 长春：东北师范大学出版社，2010.

[10] 鲁子问. 小学英语教育学 [M]. 北京：中国电力出版社，2004.

[11] 李树培. 描述性学生评价论 [M]. 济南：山东教育出版社，2012.

[12] 陈玉琨，沈玉顺，等. 课程改革与评价 [M]. 北京：教育科学出版社，2001.

[13] 李玉霞. 浅析小学英语多元化评价体系构建策略 [J]. 快乐阅读，2013 (12).

[14] 蔡荣荣. 例谈小学英语作业的有效批改策略 [J]. 学生之友（小学版），2013 (11).

[15] 张书秀. 浅谈小学英语教学评价的方法与方式 [J]. 神州，2012 (7).

[16] 曹月红. 基于生命的小学语文课堂教学评价策略的研究 [D]. 南京：南京师范大学，2011.

[17] 马燕. 关于课堂教学评价相关问题的研究——对小学语文阅读

教学评价的思考［D］. 天津：天津师范大学，2006.

［18］杨雪. 基于对话精神的课堂评价初探［D］. 上海：华东师范大学，2009.

［19］谭海鹏. 新课程语文课堂教学评价探索［D］. 济南：山东师范大学，2007.

［20］关莹. 新课程背景下小学英语课堂教学评价研究［D］. 兰州：西北师范大学，2007.

［21］王英杰. 小学英语课堂教学评价体系研究［D］. 长春：东北师范大学，2011.

［22］王儒红. 形成性评价方法在小学英语教学中实施情况的调查研究［D］. 长春：东北师范大学，2011.

［23］辜筠芳. 新课程实施中课堂教学评价特征及策略——以“阅读教学”为例［J］. 宁波大学学报（教育科学版），2009（4）.

课题五　小学语文课堂提问有效性的研究

一、课题组成员信息及分工情况

（一）课题组成员信息（见表5－1）

表5－1　　　　　　课题组成员信息

<table>
<tr><td rowspan="2">课题主持人</td><td>姓名</td><td colspan="2">单位</td><td>性别</td><td>现任职务</td><td>出生年月</td><td>学科</td></tr>
<tr><td>宫宝翠</td><td colspan="2">天津市滨海新区塘沽北塘学校</td><td>女</td><td>教师</td><td>1980年10月</td><td>语文</td></tr>
<tr><td rowspan="3">课题组主要成员</td><td>姓名</td><td>学科</td><td>年级</td><td>职务</td><td colspan="3">单位</td></tr>
<tr><td>李晓梅</td><td>品德与社会</td><td>五年级</td><td>教务处副主任</td><td colspan="3">天津市滨海新区塘沽一中心小学</td></tr>
<tr><td>毕经华</td><td>语文</td><td>三年级</td><td>教师</td><td colspan="3">天津市滨海新区塘沽博才小学</td></tr>
</table>

（二）课题组成员分工情况

宫宝翠：负责统领课题的整体研究工作。

宫宝翠、李晓梅：负责课题方案的制订和课题实施过程中的各项工作的指导和研究工作。

毕经华：负责课题实施中的课堂教学实践和展示工作。

宫宝翠、李晓梅、毕经华：负责课题论文和总结、报告的撰写以及资料的收集整理工作。

二、课题详细信息

（一）课题由来

“学生是学习的主体，教师是学习活动的组织者和引导者，语文教学应在师生平等对话中进行。”这充分体现了语文课堂上教师提问时方法与艺术的重要性。重视培养教师在语文课堂上提问的方法与技能，是进一步提高语文教学质量的一条非常重要的途径。但目前，在语文教学过程中，课堂提问的方法与艺术并没有引起广大教师的足够重视。

近几年，对国内小学语文课堂教学的研究表明，小学教师在每周一堂课中的有效分类教学层次提问的有效率仅为55%左右。近几年的调查结果表明，教师每天提出的分类教学层次问题中至少有一半的提问是完全无效的。因此，进行小学语文课堂提问有效性的研究，对于进一步改善和提高多层次教学质量极为重要。

作为一名小学语文教师，我们应从准确把握语文课堂和教学内容的重点出发，综合地分析和考虑每个阶段学生的独特性，既要精心设计问题，激发、培养和引导全体学生积极回答相关问题，又要努力地创设能引导全体学生主动提问的课堂情境，同时我们还要准确地把握学生提问的重点。

（二）课题界定

20世纪50年代至20世纪90年代，“有效提问”的教学研究已经逐渐地进入了我国教学专家和研究者的视野，并日益为大家所接受和关注。

关于“有效的课堂提问”，研究者普遍认为所需要使用的关键词和其定义各有所指，尚未形成统一、完整的概念。在充分总结和借鉴前人研究成果的基础上，我们一致认为，有效的课堂提问指的是教师为学生创设良好的课堂教学情境，在精心预设课堂教学问题的基础上，引导学生深入探究教学文本，生成有价值的课堂教学实践问题，激发学生的学习兴趣，调动学生主动思考和积极参与，通过师生、生生等多种教学主体间的讨论与对话，全面实现预期的教学任务和目标的教学过程。

（三）研究目标

（1）充分引起教师对课堂教学提问活动有效性的认识和重视，树立有效的提问观。

（2）明确教师课堂教学有效提问的基本内涵，揭示课堂教学有效提问的三个基本特征。

（3）总结教师有效提问的基本理论和实践经验，形成一套对课堂教学提问的效果进行优化的方法和策略。

（四）研究内容

1. 小学语文课堂教学中教师提问的现状分析

通过问卷调查的方法深入了解当前课堂教学中教师提问的情况，观察教师提问的各个环节，如对问题的设计与提出、候答、叫答、理答、反馈等，并对参与提问的教师进行深入的访谈，对教师提问存在的问题及问题的原因进行深度分析。

2. 小学语文课堂教学有效提问的内涵及特征研究

通过对课堂有效提问的观察，对一定数量的“同课异构”“同课异教”的案例进行对比分析，与授课的教师共同研究探讨其提问的实际效果及可行的优化方案，深化对有效课堂提问基本内涵的理解和认识，总结小学课堂有效提问的基本特征。

3. 优化小学语文课堂教学提问效果的策略研究

优化小学语文课堂教学提问效果的策略研究是本次研究的重点，包括以下几方面的内容。

（1）提问理念的研究，主要研究教师对提问的目的及其功能的认识，关注教师提问理念的合理性。

（2）关于问题设计的研究，研究问题设计的主要目的、类型及思维水平等，关注如何有效提高问题设计的科学性、艺术性、准确性。

（3）提问方式的研究，主要包括问题如何提出、如何叫答、如何使用提问语言、如何把握提问范围等，关注提问方式的合理性。

（4）提问反馈的研究，即研究学生回答问题后教师如何回应，关注教师对学生回答的处理方式。

（5）对参与提问的教师行为的研究，关注每位参与提问的教师课后是否在每次提问后进行深入反思。

（五）研究情况

1. 准备和启动阶段（2017 年 6—9 月）

拟定研究思路，制订研究方案，组织研究团队，完成课题申报。

2. 研究分析阶段（2017 年 10 月—2018 年 3 月）

（1）深入调查，细致研究，揭示矛盾的现状。

我们首先对十几名教师在课堂上提问的现状进行了深入的调查，然后通过课堂观摩、问卷调查、个别教师询问等多种方式进行了分析与研究，发现这十几名教师在课堂提问的过程中存在许多的问题。

①教师在开展课堂教学时不够重视为全体学生展示和创设回答问题的情境，缺少对学生的质疑和提问；

②有些教师忽视对教学问题的精心设计，提问过于简单；

③个别的教师随心所欲地提问，想起什么问什么，没有任何目的性和指向性；

④有些教师提出的问题太过深奥，造成了课堂的冷场，达不到预期的教学效果；

⑤教师往往掌握不好提问技巧和提问时机；

⑥教师向学生提出的问题数量过多、太琐碎，使得学生忙于回答，无暇进行深入思考。

调查结果显示：教师在课堂随机提问的次数相对偏多，提问的有效性相对偏低；教师对提问的时机和重点把握得不太好，对提问的切入点也普遍把握不准。

（2）查阅资料，快乐读书学习，提升自己的认知水平。

找到了问题的症结就能够有针对性地展开进一步的研究。前期，本课题处于理论研究的阶段，课题组成员在充分学习和阅读的基础上，积累了丰富的理论知识。后期，课题组成员围绕研究课题的主体确立、研究人员的活动和方案设计，确定了理论基础研究的方向和内容，并收集了与课题相关的资料，进行了相关的理论学习；同时通过问卷调查，了解了教师在课堂上有效提问的实际状况，为进一步撰写相关论文和笔记打下基础。

我们通过广泛地借助大量的报纸和网络认真地收集和查阅了人量的名师课堂教学信息资料，充分利用课余时间认真阅读了《语文教学有效性研究》《课堂教学有效性标准研究》《课堂提问的艺术》《教学论》《有效课堂提问的22条策略》《怎样上出魅力家常课——有效语文课堂的构建智慧》等十几本经典书籍。开阔了自己的视野，在阅读过程中，我们的许多困惑烟消云散。

课题组成员认真学习和阅读已出版的各类教育理论专著，并积极认真地撰写读书笔记。课题组成员坚持定期地进行教师网络在线阅读、自主阅读，引发更多的优秀教师积极参与其中并展开讨论。全体成员结合教学的理论和实践，深入研讨，不断反思和总结，撰写阶段性报告和总结论文等。

3. 实践反思阶段（2018 年 4—10 月）

理论指导，大胆实践革新，丰富自己的认识。

在深入调查与认真查阅大量教学资料的基础上，课题组组织开展了相关的教学实践研讨会，会上课题组成员进行了公开示范，将一些基础理论应用于课堂教学实践中。我们还认真地观摩了名师、专家的在线课堂教学视频，并及时讨论我们的困惑。

4. 总结提高阶段（2018 年 11 月—2019 年 2 月）

课题组成员在丰富基础理论知识的同时，进一步收集和整理了相关的资料，撰写了相关报告和学术论文。坚持定期撰写大量的读书笔记，丰富课题的研究成果。

（六）研究结论

1. 关于课堂提问的新认识

我们的课题研究目的之一就是想通过此次调查和深入研究，总结并探索有效的语文课堂提问教学方法。经过一年多的调查、实践、研究，并在反复查阅大量的教学资料的基础上，我们认为，一节课中的语文课堂提问大致可分为四类：一是常规性的课堂教学问题，用来探讨和分析如何有效组织语文课堂教学，保证课堂教学顺利进行。二是知识复述性的教学问题，为了更好地达到对知识的复述和对内容的整理。三是说理性的问题，可以激发和培养学生对语文的兴趣。四是探究性的教学问题，对这类问题的深入探讨，有助于引导学生深入理解课文内容。

上述四类教学问题，对于提高我国小学语文课堂互动教学的有效性尤为关键。所以小学语文教师必须将教学问题与学生的实际情况进行有机整合，提出有价值的教学问题。只有这样，小学语文课堂的教学才会具有有效性。

2. 课堂提问要注意的几个问题

（1）课堂提问要切准提问点。提出的教学问题一定要少而精。课堂提问多而琐碎，是当前许多小学语文课堂普遍存在的一种现象。

通常语文教师可以从以下几个方面进行有效提问：

①从课文题目入手进行有效提问；

②抓住文章中的关键字词进行有效提问；

③对问题整合后进行有效提问；

④从文中的重点句子入手进行有效提问；

⑤以书后习题为突破点进行有效提问；

⑥针对一篇文章的主要表达内容、思想感情和表达方法等进行有效提问。

提问时要紧紧围绕如何正确达成课堂教学的目标、如何解决课堂教学过程中的重点和难点等问题，如此才有机会提升教学的有效性。

（2）课堂提问要体现层次性。课堂教师提问包含两个主要的方面：其一，教师提出的问题必须由简至繁，由易到难，循序渐进；其二，在提问的过程中教师必须充分地关注学生的特点，必须十分清楚什么问题适合什么年龄层次的学生。

（3）课堂提问要难度适宜。教师在课堂上的提问，既不能过于简单，也不能过于难。否则，要么无法充分调动学生的积极性，要么容易使学生产生抵触的心理。因此，只有提问的难度适当时，才能充分激发广大学生的好奇心和求知欲，才能更有效地培养广大学生对语文的学习兴趣。

（4）提问语言要通俗易懂。教师在课堂上提问时应该尽量做到言简意赅、通俗易懂，不要含糊其词，学生才能听得明白，才能产生表达的强烈欲望。

三、参考文献

［1］张耀奇．有效课堂提问的基本条件分析［J］．全球教育展望，2010（6）．

［2］卢正芝，洪松舟．教师有效课堂提问：价值取向与标准建构［J］．教育研究，2010（4）．

［3］王中有．如何掌握小学语文课堂的有效性提问［J］．中国校外教育，2016（3）．

［4］季有东．浅析课堂提问在小学语文教学中的有效性实施［J］．学周刊，2018（2）．

［5］张伟．浅谈小学语文教学课堂提问的有效性［J］．科学大众（教师版），2015（7）．

［6］尉秀娟．浅谈小学语文课堂中提问的有效性［J］．学周刊，2015（9）．

课题六　提高农村小学课外阅读质量的策略研究

一、课题组成员信息及分工情况

（一）课题组成员信息（见表6－1）

表6－1　　　　课题组成员信息

<table>
<tr><td rowspan="2">课题主持人</td><td>姓名</td><td colspan="2">单位</td><td>性别</td><td>现任职务</td><td>出生年月</td><td>学科</td></tr>
<tr><td>张俊勇</td><td colspan="2">天津市滨海新区汉沽西孟小学</td><td>男</td><td>教务处主任</td><td>1976年1月</td><td>语文</td></tr>
<tr><td rowspan="4">课题组主要成员</td><td>姓名</td><td>学科</td><td>年级</td><td>职务</td><td colspan="3">单位</td></tr>
<tr><td>张立明</td><td>语文</td><td>六年级</td><td>教师</td><td colspan="3">天津市滨海新区汉沽体育场小学</td></tr>
<tr><td>赵继华</td><td>语文</td><td>五年级</td><td>教务处主任</td><td colspan="3">天津市滨海新区塘沽上海道小学</td></tr>
<tr><td>卢慧</td><td>语文</td><td>五年级</td><td>教务处主任</td><td colspan="3">天津市滨海新区塘沽浙江路小学</td></tr>
</table>

（二）课题组成员分工情况

张俊勇：领导监督，协调管理，课题实施，进行规划总结。

张立明：设计调查问卷，课题实施，及时反思，做阶段性总结。

赵继华：严格制度，收集资料，课题实施，活动统筹。

卢慧：课题经验交流、推广，撰写结题报告。

二、课题详细信息

（一）课题由来

在农村小校，受学校条件、家庭条件及学生自身对课外阅读认识浅显和不够重视等因素影响，学生课外阅读质量普遍不高。而阅读作为提升学生核心素养的重要内容，不仅是构成当前小学语文教改的重要因素，更是提升学校办学效益的有力抓手。与部分发达国家和地区相比，我国人均阅读无论是在“质”方面还是在“量”方面，都存在着较大差距。

面对现状，本课题以提高农村小学课外阅读质量为研究对象，通过调查、经验总结、行动研究、个案研究等方法，探索提升小学生阅读能力的有效方法和策略，该课题具有一定的现实意义和较强的可行性，具有研究价值。

（二）课题核心概念的界定

本课题着眼于提高学生课外阅读的实效性，在课内阅读的引领下引发学生阅读的兴趣，提高阅读的质量，活跃思维，促进身心健康成长。

课外阅读是指学生独立的阅读活动，是课内阅读的延续与发展。课外阅读质量是指开展课外阅读后学生所积累的知识、所获得的情感的体验、所收获的思想的启迪、所感受的美的熏陶、所引发的思考等阅读效果。

（三）研究目标

结合本校实际情况，引导学生从课内阅读向课外阅读延伸，积极创造课外阅读的有利条件和外部环境，营造家庭、学校双向协调的良好阅读氛围，通过开展形式多样的课外阅读活动，激发学生课外阅读的兴趣，养成良好的课外阅读习惯，促进课外阅读质量的提升，并在此基础上尝试探索农村小学课外阅读活动高效开展的有效途径，全面提高学生的语文综合素养。主要可以从以下几点入手。

（1）加强教师理论学习，促进教师成长，在教师的有效引领下，学生由课内阅读向课外阅读延伸，提升阅读的“质”和“量”。

（2）低年级学生以图文结合的阅读资源为主，如阅读浅显的童话、寓言。注重培养低年级学生的读书兴趣以及初步的收集和整理信息的能力，使他们获得初步的情感体验，感受语言的优美，养成爱护图书的习惯；把握中年级学生的阅读规律，培养他们自主阅读的意识，使他们能够找到行之有效的阅读方法，丰富语言积累，提高阅读效率，收藏图书资料并与他人交流自己的阅读感受；提高高年级学生的阅读选择能力，引导他们扩展阅读面，掌握多种阅读方法，做好读书笔记，提高阅读能力和质量，从个性阅读走向交流互动。

（3）注重学校图书馆的建设，为学生提供适合的阅读内容，帮助学生找到属于他们“自己的”书，提升语文素养，促进学习进步。

（4）借助阅读发展学生的智力。学生读得书越多，思考就越深入，思维就越活跃。

（5）以课内阅读为依托培养学生的阅读兴趣，充分利用学校的资源开展丰富多彩的活动。

（6）让家校联合，营造良好的阅读氛围。

（7）找到适合本校学生课外阅读的良好途径及方法，提高学生的语言能力和文学素养，陶冶他们的情操，促进他们的智力发展，为终身学习奠定基础。

（8）通过适当的检查与评价，增强学生信心，培养其阅读兴趣。

（四）研究内容

（1）调查本校学生的阅读现状，包括阅读习惯、阅读内容等，分析问题的形成原因，调动学生阅读的积极性。

（2）转变教师思想，使教师学习、借鉴先进的教学理念，树立正确的语文观；了解学生的阅读心理，从课内阅读向课外阅读延伸，有意识地引导学生对课外阅读产生兴趣，让他们在生活中体会到阅读的快乐，从而激发强烈的阅读愿望，使阅读成为他们的自觉行为，从而养成良好的阅读习惯。

（3）研究低、中、高各年级学生的认知水平及特点，为学生推荐符合其自身阅读水平的优秀书籍，让这些书籍成为他们心灵永恒的美好印记，让学生在书籍的引领下，发展智力，快乐成长。

（4）扩大学生的阅读面，提高学生的阅读量，让阅读成为打开学生智力大门的钥匙，让“后进生”充满“后劲”。

（5）优化学生的阅读环境，营造家庭、学校双向协调的良好阅读氛围，充分发挥学校阅览室的作用。

（6）研究、开展凸显本校特色，适合本校学生特点的活动，明确活动目的，制订活动计划，鼓励学生积极参与，调动起学生阅读的积极性，帮助学生养成良好的阅读习惯。

（7）探索学生课外阅读的实施途径及策略。在指导学生自主阅读的同时向他们介绍行之有效的课外阅读方法，引导他们加以运用。

（8）指导学生做好读书笔记，并引导学生进行互动交流，让学生在阅读中丰富知识，加深感悟，逐步提高语言表达能力，提高语文素养。

（9）做好阅读的检查与评价，根据各年级学生的年龄特点制订相应的策略，借助阅读成果展示，增强学生的自信，培养学生的阅读兴趣。

（五）研究情况

1. 学校重视，加强教师的理论学习

学校对课题研究工作给予了高度重视，及时帮助课题组成员解决问题，并积极组织教师进行培训，向书本学习、向同伴学习、向专家学习，使教师明确了课题研究的目的、内容及过程方法。课题组成员通过讲解、

讨论等形式深刻领悟课题研究的内涵，从而明确自己的分工和责任，相互协作，共同承担起课题研究的任务。

2. 问卷调查，了解学情

为了准确地了解学生的课外阅读现状，课题组于开题初对本校二至五年级的学生进行了课外阅读现状的问卷调查。为了突出问卷调查数据的真实性，我们要求不用在表格上署名。之后又根据回收的调查问卷进行数据统计与分析，从中找出学生的阅读存在的弊端。

3. 开展小学生课外阅读方式指导的实践研究

（1）激发阅读兴趣，引导课外阅读。“知之者不如好之者，好之者不如乐之者。”兴趣是一种至关重要的“润滑剂”，它能推动学生从课外有益读物中探求知识和获得能力。

（2）营造浓厚的阅读氛围。每个班级都有各自的文化墙，班主任在此可以设立一个有关阅读的专题栏目，把学生的读书心得及感悟展现在这里，也可以将自己认为比较好的书籍、文章与大家分享，营造浓厚的阅读氛围。还可以创建一个图书角，用来放置从图书馆借阅的图书，也可以让同学们把看完的、闲置的好书放在这里。这样可以激发起更多人的阅读积极性，丰富阅读资源。

这样就创设了一种浓厚的阅读氛围，让学生产生一种置身于精神文明宝库的神圣感，激发学生的阅读欲望和兴趣。

（3）开展丰富多彩的活动，激发学生兴趣。学校、班级开展不同层面的交流展示活动，激发学生的课外阅读兴趣。例如：利用课前五分钟进行好书妙文推荐活动；开展朗诵会、故事会等激发学生的阅读兴趣；开展读书手抄报比赛，将读书活动中的小资料、心得感悟制作成手抄报；利用班级外墙展示学生的读书活动作品。通过开展这些交流展示活动，一方面加强了学生之间的学习交流；另一方面也激发了学生之间的竞争意识，阅读兴趣更加浓厚了。

（4）课堂上制造悬念，激发学生的阅读兴趣。兴趣是最好的老师，这就要求教师要善于把握课堂时机，借助课内文本，因势利导，设置悬念，吸引学生的注意力，逐渐向课外拓展，不断激发学生的阅读兴趣。

（5）树立阅读榜样，激发学生的阅读兴趣。榜样的力量是无穷的，言教不如身教。学校开展评选校级“读书之星”活动，用学生身边的榜样来激励他们，使他们积极参与读书活动。

4. 关注阅读内涵，注重方法指导

（1）配合教材，推荐读物，迁移阅读。教材教的是方法，更多的阅读内涵还需要学生自己去揣摩、去领悟。因此，要向学生推荐一些与课文题材相同或内容相关的书籍，鼓励学生去阅读、去感悟。这样才能真正做到知识迁移，内化于心。

（2）“授之以渔”，指导阅读方法。阅读方法关系到阅读的效率和学习的成败。只有讲究科学的方法才能提高阅读的效率，获得更多、更新、更有价值的知识。因此，教师要注意教给学生阅读的方法。一方面结合课堂教学进行阅读指导；另一方面通过阅读课有计划地开展读书专题讲座进行阅读指导。例如，读书时间的安排、怎样进行积累、怎样运用所学知识、怎样写读书笔记等。

（六）研究成果

课题组严格执行“三例会、两公开、一承诺”制度，组织课题组成员开好例会。课题组成员积极参加例会，转变了自己的观念，注重对学生阅读方法的指导，并根据本班学生的阅读实际情况制订阅读指导策略。在认真开展课题研究的过程中，及时进行反思、总结，积极撰写论文。

在课题的研究与实践中，课题组成员为学生营造了良好的读书氛围，学生在活动中品尝到了阅读的乐趣，阅读兴趣明显浓厚了，就连班上一个学习不太好的学生，在课间竟然手捧图书，有些费力却又十分认真地小声读着，时而皱眉，时而把书凑到同桌的面前讨教。有一段时间，班上的学生写起了小诗，他也拿着一首小诗悄悄地递给了老师。

现在，许多学生已经能根据自己的需求选择适合自己的书籍了，他们手中的藏书量在逐渐增加，藏书的种类也由学习辅导类、漫画娱乐类图书向文学名著类转变。他们也掌握了一些阅读技巧，“不动笔墨不读书”这样良好的阅读方法也在慢慢形成。

持续的课外阅读丰富了学生的课余生活，扩大了他们的知识面，也使他们逐步养成了良好的阅读习惯，为他们听、说、读、写综合素养的提升奠定了坚实的基础。他们学习写诗、写读后感；他们兴致盎然地向其他同学推荐自己喜欢的书籍；他们把从课外阅读中获取的知识在学习生活中加以运用，如他们选择喜欢的故事，在老师的帮助下排演课本剧，并参加滨海新区学生艺术节的演出……学生在阅读的过程中，知识水平在不断地提高，视野在不断地开阔，也懂得了更多的做人道理，他们明是非、知礼仪、讲文明，并享受阅读的快乐，也能从书籍中收获知识。

三、参考文献

［1］王松泉．阅读教育学［M］．沈阳：辽宁大学出版社，1999.

［2］袁江平．小学语文拓展阅读教学的研究［J］．理论研究，2013（10）.

［3］中华人民共和国教育部．义务教育语文课程标准：2011 年版［M］．北京：北京师范大学出版社，2012.

［4］吴淑燕．新课标下的农村小学语文阅读教学研究［J］．学周刊，2014（4）.

课题七　小学生数学文化素养培养策略的实践研究

一、课题组信息及分工情况

（一）课题组成员信息（见表 7－1）

表 7－1　　课题组成员信息

<table>
<tr><td rowspan="2">课题主持人</td><td>姓名</td><td colspan="2">单位</td><td>性别</td><td>现任职务</td><td>出生年月</td><td>学科</td></tr>
<tr><td>许明</td><td colspan="2">天津市滨海新区大港教师进修学校</td><td>男</td><td>教研员</td><td>1980 年 1 月</td><td>数学</td></tr>
<tr><td rowspan="8">课题组主要成员</td><td>姓名</td><td>学科</td><td>年级</td><td>职务</td><td colspan="3">单位</td></tr>
<tr><td>史维英</td><td>数学</td><td>三年级</td><td>教学副校长</td><td colspan="3">天津市滨海新区大港第二小学</td></tr>
<tr><td>刘丽</td><td>数学</td><td>四年级</td><td>教师</td><td colspan="3">天津市滨海新区大港第四小学</td></tr>
<tr><td>邢承杰</td><td>数学</td><td>五年级</td><td>教师</td><td colspan="3">天津市滨海新区塘沽浙江路小学</td></tr>
<tr><td>唐云静</td><td>数学</td><td>四年级</td><td>德育副校长</td><td colspan="3">天津市滨海新区塘沽未来学校</td></tr>
<tr><td>张玉芹</td><td>数学</td><td>六年级</td><td>教师</td><td colspan="3">天津市滨海新区塘沽紫云小学</td></tr>
<tr><td>李建芬</td><td>数学</td><td>五年级</td><td>教师</td><td colspan="3">天津市滨海新区塘沽中心庄小学</td></tr>
<tr><td>崔莹</td><td>数学</td><td>二年级</td><td>教师</td><td colspan="3">天津市滨海新区塘沽博才小学</td></tr>
</table>

（二）课题组成员分工情况

许明：开题、结题、整体管理。

史维英：各阶段性总结。

刘丽、邢承杰、唐云静、李建芬、崔莹：资料整理。

张玉芹：调查问卷的设计及数据整理。

二、课题详细信息

（一）课题简介

1. 课题由来

从中国期刊网上的“与‘数学素养’相关的文献总量年度变化规律图”可以看出，数学素养已成为当下各学段数学教育教学研究的热点。曹才翰、张奠宙、史宁中等知名专家对数学素养做了深入的探讨和阐述，为一线教师们研究数学素养指明了方向。如果我们培养的学生只会解决数学难题，不知道在数学的发展史上许多伟大的数学家的故事和他们身上的良好学习品质，不知道数学会带给生活美好的感觉和审美的享受，不会用数学语言表达思想和见解，不会用数学为生活创造价值，那我们的数学教学就是失败的，就好比是教给一些可爱的小动物们做数学杂耍，而不是真正的数学教学。我们的数学教学，在注重数学知识和技能传授的同时，还要注重渗透数学知识中的思想、精神、观念和价值观。这样的思考，激发起我们对小学阶段数学文化素养培养该如何把握的研究欲望，通过组内协商，我们确定了研究该课题。

2. 课题界定

学术界对“数学文化素养”有两种解释。狭义上是指数学的思想、精神、方法、观点、语言及其形成和发展；广义上是指数学发展中的人文成分，如数学家、数学史、数学美、数学教育和数学发展等。小学阶段的“数学文化素养”主要是指让学生们感悟数学与生活之间的密切联系，体会数学知识的应用价值、研究价值、人文价值，寻找数学进步的历史轨迹，感受优秀传统文化的熏陶，领会数学的美学价值，从而提高自身的文化价值和培养创新意识的一种素养。数学文化素养的形成，能够促使人的思考能力、学习能力、自我成长的可持续发展能力都得到大大提升。纵观当下的小学数学课堂，在考试、升学、排名等的巨大压力下，老师们更多地关注知识的传授和答题的正确率，大搞题海战术，弱化了数学教学的本质属性。所以，我们课题的目的就是寻求培养小学阶段学生数学文化素养的途径，并让老师们更加清晰地认识到数学文化素养培养的重要性。

3. 研究目标

（1）能够运用较为简练、清晰的数学语言表达真实的理解和思维。

（2）能够在具体的生活中主动发现身边存在的问题，并能够敏锐地发现其隐含的数学问题。

（3）不断地养成良好的学习品质和学好数学的坚定信心。

（4）培养在生活中运用数学模型的能力，善于用数学模型对问题进行科学合理的提炼，并能够分析和解答。

（5）学习多种策略来解决实际生活中隐含的数学问题。

（6）促使学生形成数学文化素养，并提升他们的思考能力、学习能力、自我成长的可持续发展能力。

4. 研究内容

（1）小学阶段数学文化素养的范畴。

（2）小学生数学文化素养培养的方式。

①培养的策略——学习方式。

②培养的指标——怎么学习。

（3）培养的评价标准及诊断方式——是否获得数学文化素养及获得的效果。

①对三年级和五年级学生的数学文化素养进行测评。

②基于数学文化素养评价结果提出教学建议。

（4）培养策略的课例研究。

（二）研究情况

结合学生核心素养发展体系框架以及课题组成员的思考和对教材内容呈现的研究，确定了研究的主题。在学习理论知识和查阅了大量的文献资料后我们确定了本次研究的课题，然后积极协商，做好研究分工，并拟定了研究的实施方案。

1. 论证开题阶段（2017 年 1—9 月）

（1）问卷调查，明确方向。2017 年年初，组织研究队伍，根据当下课堂现状拟定研究思路，开展问卷调查，做好调查分析，完成课题申报。

（2）开题论证，专家引领。2017 年 9 月底，撰写开题报告筹划开题。确定好主要研究的学校和实验班级。积极邀请我区知名的数学专家和学科教研员进行指导，并邀请教育学会的主要领导参与开题会。

2. 实验阶段（2017 年 10 月—2019 年 7 月）

（1）加强学习，提高能力。组织课题组成员进行集中学习与讨论，积极组织课题组成员深入挖掘数学文化的可利用资源；积极筹措资金为每位课题组成员订阅相关教育杂志，以便不断地接受和吸收新的教育思想和教学理念。

（2）积极开展实践研究课活动。在研究的过程中，课题组成员积极参加研究课的实验论证工作，针对本年级教材中涉及的数学文化的内容，认真备课，写好教案，并且凸显文化的传递。

（3）积极撰写论文。要求团队内的所有教师都要做好经验的总结和积累，争取研究成果获奖或是发表。

3. 总结阶段（2019 年 8—12 月）

（1）收集整理材料，准备结题。

（2）撰写结题报告，并向相关部门提交结题申请。

（三）研究结论

1. 得到的收获

通过两年多的学习与实践，针对本课题做了大量的研究工作，有了一些收获。

（1）提升学生的数学文化素养，要注重学生良好数学品格的养成。要想让思维看得见，让思维发出声音，让思维插上翅膀，就要让学生每天经历思维发展，用数学语言去表达，用数学思维去思考。只有学生的思维是真实的，我们的课堂才能有声有色。我们力求把教学内容的“隐性”通过几何手段的“显性”传递给学生。在形象思维和抽象思维之间搭起一座桥梁，不仅能够使学生掌握一种良好的解决问题的办法，还能培养学生的数学品格。

（2）提升学生的数学文化素养，要读懂学生的思维需求。数学不仅是研究概念、规律、关系等内容的学科，也是培养学生必备的思维方式和解决问题能力的学科。老师们每天的课堂教学都是在和学生的思维打交道，而学生的思维又是多变的。只有真正地读懂学生的思维，才能走入学生的内心，进而通过有效策略的实施，让每个学生的身心得到健康发展；只有真正地读懂学生的思维，才能把握数学的本质，才能在课堂上更有效地培养学生的数学能力；只有真正地读懂学生的思维，才能设计出更加真实的、开放的、有价值的、有助于培养学生数学思维的问题，使我们的课堂变得更为多彩！

（3）提升学生的数学文化素养，要注重数学建模思想的渗透。数学建模不仅为数学表达和交流提供了积极有效的手段，而且为解决实际生活问题提供了重要的途径，它能帮助学生更清晰、准确地认识和理解数学。在培养学生数学核心素养的大背景下，小学生建模能力的形成与发展与教师的引导和渗透息息相关。在教学实践中，教师要占领高地剖析教材，找准培养学生数学素养的落脚点，尽可能地创设条件，鼓励学生自主构建数学模型。

（4）培养学生的数学文化素养，要注重引导学生把握核心知识，领悟学科本质。数学核心素养培养的标志是“三会”，即会用数学的眼光观察世界，会用数学的思维思考世界，会用数学的语言表达世界。课堂教学要凸显学科本质，要帮助学生感悟知识的本质。为实现这一目标，教师需要领悟课标内涵，认真地分析核心概念，并准确把握核心概念，在以学生为主的课堂教学中让理念与实践融会贯通，使学生的学科素养落地扎根。

（5）提升学生的数学文化素养，应注重培养学生自主学习的习惯。课堂上，在教师的循循善诱下，学生充分发挥自身的主观能动性，主动积极地去探索学习。教师引领学生自主学习能够有效提高学生的学习效率，增加学生学习的积极性，使学生树立正确的学习观。自主学习不仅是学生的一种新的学习体验，更是教师在现代化教学中所采用的一种教学模式。通过教师引领学生进行自主学习已经成为现代化课堂的一种潮流。

（6）提升学生的数学文化素养，应注重丰富学生的综合实践活动。综合实践活动是培养学生探究能力的载体，综合实践活动可以有效培养学生的探究精神和实践能力，探究精神和实践能力为数学核心素养的落地生根提供土壤和养分；综合实践活动将“学数学”与“用数学”无缝对接，是形成数学核心素养路上的有效推动机。

2. 积累的经验

通过两年多的学习与实践，针对本课题，课题组做了大量的研究工作，在操作层面积累了一些经验。

（1）让学生走上讲台进行数学讲座。课前充分调动学生的积极性，让他们利用生活中的数学资源，如名人故事、数学智能题等，组织故事，走上讲台进行数学讲座。

（2）培养学生写数学日记。鼓励学生坚持每天写一篇数学日记，记录下自己每天的收获和遇到的困难。特别要记录的是如何攻克难关，如何掌握新的数学技能，知道了哪些数学名人和数学故事，对数学又有了哪些新的了解和认识。鼓励他们用真实的文字记录下自己成长道路上的点滴成就，不断地提升学习的品质。

（3）开展形式多样、内容丰富的数学竞赛。在孩子们的内心深处，都有着一股不服输的劲头，他们爱竞争，爱争个你高我低。作为教师，应当充分把握孩子们身上的这一特质，多为孩子搭建成长的舞台和提供锻炼的机会，如举办讲数学家故事的比赛、数学知识辩论赛、数学游戏争霸赛、数学技能擂台赛等。这不仅能锻炼孩子们的思维，还能促进他们语言和肢体的发展，使孩子们在玩中学，在赛中练，在百折不挠的奋进中不断地感悟数学的魅力和它的文化价值所在。

（4）积极组织学生开展生活调研，学会写数学调研报告。积极带领学生们参加课外综合实践活动，如调查社区内垃圾的分类情况、早点摊位的一次性筷子的使用情况、上班高峰期红绿灯时长和拥堵情况等。通过做一些数学小调查，教师指导孩子们进行数学分析，将孩子们的思考、感受和合理化建议记录下来，形成一份社会调查报告。有效地增强孩子们的探究意识和创新能力，更能增强孩子们的社会意识和辨析能力。

（5）鼓励亲子互动，让家长和孩子一起玩数学。

现在的家长都注重孩子的智力开发和教育，几乎每个孩子都会有许多益智类玩具和读物，比如鲁班球、乐高、巴克磁力球等。家长不能只是购买者，还应成为孩子们的玩伴，和孩子们一起破解玩具的玩法、一起共赏数学的奥秘，还可以一起去做实验、去设计一些好玩的数学游戏……这样不仅能提升孩子们玩数学的兴趣，更丰富了孩子们的数学文化内涵。

三、参考文献

［1］苏洪雨 . PISA：数学素养测试题的设计和研发过程［J］. 教学与管理，2008（5）.

［2］中华人民共和国教育部 . 义务教育音乐课程标准：2011 年版 .［M］. 北京：北京师范大学出版社，2012.

［3］张奠宙．数学教育研究引导［M］．南京：江苏教育出版社，1994.

［4］杨庆余．小学数学课程与教学［M］．北京：高等教育出版社，2013.

［5］马云鹏．小学数学教学论［M］．北京：人民教育出版社，2002.

［6］张奠宙，李士锜，李俊．数学教育学导论［M］．北京：高等教育出版社，2003.

［7］王永春．小学数学思想方法解读及教学案例［M］．上海：华东师范大学出版社，2017.

课题八　小学初始年级体育课良好学习习惯养成教育的研究

一、课题组成员信息及分工情况

（一）课题组成员信息（见表8－1）

表8－1　　课题组成员信息

<table>
<tr><td rowspan="2">课题主持人</td><td>姓名</td><td colspan="2">单位</td><td>性别</td><td>现任职务</td><td>出生年月</td><td>学科</td></tr>
<tr><td>张春平</td><td colspan="2">天津市滨海新区塘沽向阳第三小学</td><td>女</td><td>教师</td><td>1975年6月</td><td>体育</td></tr>
<tr><td rowspan="6">课题组主要成员</td><td>姓名</td><td>学科</td><td>学段</td><td colspan="4">单位</td></tr>
<tr><td>金娜</td><td>体育</td><td>小学</td><td colspan="4">天津市滨海新区塘沽向阳第一小学</td></tr>
<tr><td>刘艳</td><td>体育</td><td>小学</td><td colspan="4">天津市滨海新区塘沽大庆道小学</td></tr>
<tr><td>胡英</td><td>体育</td><td>小学</td><td colspan="4">天津市滨海新区塘沽实验学校</td></tr>
<tr><td>刘泽强</td><td>体育</td><td>小学</td><td colspan="4">天津市滨海新区大港第六小学</td></tr>
<tr><td>张元喜</td><td>体育、信息教育</td><td>小学</td><td colspan="4">天津市滨海新区泰达第一小学</td></tr>
</table>

（二）课题组成员分工情况

张春平：根据实际的教学情况，总结有关课题的资料，并整理相关的数据。

金娜、刘艳、胡英、刘泽强、张元喜：对课堂的效果进行分析与鉴定，并在每个月撰写相关的阶段性总结，以供课题使用。

此外，每个成员根据本校实际情况及学生特点确定自己的研究方法和实施步骤。通过研究相关学者所著的关于体育课养成良好学习习惯的文献和课堂的实践研究，总结并制定出学生体育课良好学习习惯的检测指标，以及培养学生体育课良好学习习惯的教学策略与方式，整合教学资源，更新课堂模式，每学期进行课题的阶段性总结。

二、课题详细信息

（一）课题由来

（1）小学初始年级的学生处在快速发展时期，通过良好学习习惯的建立，不仅可以帮助学生全面地了解体育学科，更能激发学生的学习兴趣，对于学生的未来发展、推进体育教学的发展、建设体育强国都有十分重要的意义。

（2）目前，多数小学在学生的品德教育方面投入了大量的人力与财力，努力打造精品强校的模式，但是就多数小学的思想品德教育发展现状来看，所取得的成果依然没有达到相应的教学要求。如何培养学生体育课的良好习惯，是当前小学思想品德教育过程中亟待解决的问题。

（3）体育教师在培养起始年级学生体育课良好学习习惯方面还没有形成一套好的模式。

（二）课题界定

起始：某件事或某种行为的开始、起头。

起始年级：小学一、二年级。

学习习惯：指学生通过反复练习，形成记忆点，并促进自我再次发展的过程，是一种自动化学习的方式与行为，满足了个体的切实需要。本课题的学习习惯的概念是指小学一年级和二年级的学生在体育课堂上养成的稳定且自动化的思维模式与动作习惯，对于学生提升体育核心素养、强化体质训练、自主探究学习有着促进作用，对于体育学科的教学质量提升和教学效率提高有着重要的保障作用。

（三）研究目标

（1）本课题的研究目标是指通过优化体育学科的教学策略，完善体育学科的教学模式，使小学一年级和二年级的学生养成良好的体育学科的学习习惯，激发学生的主体意识，使学生在拥有稳定心理状态和良好思维品质的前提下，进行自主探究学习。如在课堂上学生养成专心听课、积极参与教学活动、遵规守纪等行为习惯，从而提高学习效率。

（2）在注重体育核心素养培育的今天，通过使学生养成良好的体育学习习惯，不但对提高学生的体育思维能力有帮助，而且对于学生体能的增强和学习能力的提高都十分重要。同时，帮助学生养成良好的体育学习习惯，还能激发学生的学习兴趣，使学生更好地融入教师的教学当中，从而养成体育核心素养。

（3）帮助教师养成自主探究的教学模式的思维，优化教师的教学对策和教育科研能力。

（四）研究内容

（1）小学低年级的良好体育学习习惯在课堂教学中的养成途径和方法的研究。低年级阶段的学生年纪普遍尚小，再加上没有养成良好的学习思维与学习状态，在刚刚接触体育学科时，很有可能对体育学科的认知还停留在浅显的层面。教师在帮助学生养成良好体育学习习惯的过程当中，必须要运用科学高效的方式，使用多元的教学策略，由浅入深、由点及面推进体育教学，从而帮助学生养成体育核心素养。教育还要帮助学生改正之前存在的不良习惯，并让学生在体育课堂中掌握更多的知识与技能，激发学生的主体意识，帮助学生养成良好且稳定的学习状态。与其他学科不同，体育学科是实践与理论结合很密切的一门学科，只有使学生保持纪律，专心上课，并积极参加各类体育活动，养成体育合作共赢的精神，才能使学生达到知行合一的学习境界。学生要勇于挑战自己，敢于创新，积极探索，养成终身受益的学习习惯，并为体能的提高和健康的发展做好有效的保障。

（2）家庭与学校之间达成互通合作，观察学生对于体育学科的认知状况和学习状态，通过合理的沟通与配合，共同帮助学生养成良好的体育学科的学习习惯。

（3）编写相关的学习习惯歌，利用歌曲的形式，激发学生对于体育学科的学习兴趣，以此来养成高效学习和探索学习的习惯。

（4）教师针对不同学校进行课堂教学培养学习习惯的案例研究，可以选择不同学生某一时期的表现进行分析研究，有步骤地跟踪记录与观察分析，通过对比、认真分析与综合，再加以一定的措施和手段，促进其养成良好的学习习惯。

（五）研究情况

1. 在理论学习中更新教育观念，制订研究方案

在研究开展的初始阶段，先根据研究方向和研究主题，组织课题组成员调研了体育习惯培养方面的书籍、期刊和其他相关资料，并在中国知网等网站上，下载并研究了相关学者有关体育课学习习惯培养的文献。再组织课题组成员分批次、有方法地研读并总结相关的文献资料，通过小组探讨的形式，将所获得的相关文献知识和研究经验进行互通分享，根据学校学生的情况、教学资源制订相应的课题研究方案。

2. 开展小学生体育课学习习惯的现状调查和分析，确定学习习惯培养的内容

小学生的身体处在快速发展时期，在体育课堂中培养学生的学习习

惯，不但能帮助学生打下良好的学习基础，还能使学生从被动学习转换到主动学习可以真正提升学生的自主探究意识和思维能力。从而巩固在本课题研究的第二阶段，我们设计了关于体育课堂学习习惯的调查问卷，既要明确小学阶段体育学科学习习惯的相关内容，又要获取相应的研究数据，从而做到理论结合实际。在问卷调查的过程中，在对一年级的225名学生和二年级的217名学生进行问卷调查后，我们得出了相应的结论。

3. 通过多渠道开展小学生体育课良好学习习惯培养策略研究

（1）编写学习习惯歌谣，以歌谣传唱的形式，培养学生的习惯意识，使学生在歌谣传唱中受到影响和教育。儿童天性活泼，不容易记住枯燥的条文，课题组教师齐心协力编写了《体育课习惯歌》，便于学生理解、记忆，养成良好的学习习惯。

（2）合理高效地运用课堂时间，有机渗透学习习惯的重要性。由于课堂时间有限，教师在向学生传授知识的过程中，应注重联系实际，通过采取各类教学方式，找出适合低年级学生的教学方法，从而使学生养成良好的学习思维，让学生在无形之中感受到学习习惯的重要性，并加强对体育学科的理解。

①培养学生自觉遵守纪律的习惯。体育课多在宽广的操场上授课，与室内的授课不同，受环境、气候等因素的干扰较多。再加上低年级学生的自控力、自制力、自觉性都较差，因此，小学低年级体育课教师首先要建立严格的课堂纪律，让学生了解体育课的严肃性。教师可以用不同的哨声、手势、语言、眼神等表达不同的纪律要求并对学生进行训练。老师一喊出“看谁一动……”学生立刻喊出“也不动”，同时立正站好，保持不动。教师模拟机器人对学生进行红外线感应扫描，这时如果有学生动了，“机器人”就会感应到，立即发出“发现目标”的警报。被发现的学生就会立刻站好，注意力高度集中并努力克制自己不要动，争取不再被扫描到。其他的学生也会非常认真地站好。让学生在游戏的情境中自觉遵守纪律、克制自己的行为，使学生主动学习、热爱学习，慢慢形成好习惯。

②由于户外学习具有不确定性，再加上体育课上还经常要使用某些体育器械，这就容易使学生在学习过程中出现危险。对于小学阶段的孩子们来说，在刚刚进入和接触新的环境的时候，很有可能出于好奇或自控力较弱，不听从教师的组织和管理，从而影响正常教学任务的完成，甚至会对自身的身心健康造成伤害。所以，在体育课上培养学生遵守纪律的能力是至关重要的。

教师可以适时讲解一些解放军遵守纪律、听从指挥、顾全大局的故事，对学生进行激励。如在战争年代，战士邱少云在执行侦察任务时，为了不被敌人发现，大火烧到了身上都丝毫未动，最后献出了年轻的生命；在新中国成立 70 周年之际，为了参加阅兵式已经艰苦训练了一年的一名空军女飞行员被要求待命，这名队员虽然非常想参加阅兵，但还是含着眼泪坚决地服从了命令……

③培养专心听讲、认真练习的习惯。体育课经常需要强化学生的训练，认真练习是体育课的基本要求。但是很多学生常常会把体育课当作副科或无关紧要的科目，仅仅抱着玩的心态进行学习，这十分不利于体育学科的推进与发展。教师在体育课上要做到精讲多练，将理论与实际结合，进行生动有趣的讲解，这既能启发学生的思维、激发学生的兴趣，也能使学生全面仔细地完成体育学科的学习。无论是教师的示范，还是同学的演示，都有助于促进学生的体育学科学习。教师在实际的教学过程中应认真观察学生对于体育学科的认知程度及听课状态，既要吸引学生的注意力，又要让学生形成认真思考的能力。教师可以开展相应的游戏化教学，使教学生动有趣，从而激发学生的学习兴趣，对于认真听讲、认真练习的同学要及时给予表扬和奖励。

④培养迎难而上、刻苦、不服输的体育精神。体育学科是一门集实践与理论于一体的学科，与其他科目有着很大的差别，学生在进行体育学科的训练和学习时，很容易出现多方面的困难。课程也会由于各类内部因素，从而推进困难。所以，体育教师在实际的教学开展过程中，要培养学

生迎难而上、刻苦、不服输的精神。如在攀登肋木架的练习中，教师在教授学生爬越的方法后，大部分学生通过练习都能做到从前面爬上，从后面爬下，但有些学生刚爬了两三层就不敢再向上爬了，这时教师要运用“你一定能行”“老师可以保护你”等鼓励性的语言，为其加油鼓劲儿，以增强学生克服困难的勇气和信心。

⑤使学生养成持之以恒、始终如一的训练习惯。实际上，由于学生年纪较小，再加上没有养成良好的体育思维与运动习惯，所以会造成在开展体育训练的过程中，学生缺乏计划性与持久性。很多学生都存在一时兴起就多加训练，毫无兴趣就荒废训练的问题，不能持之以恒地进行训练，这不利于学生强健体魄、增强体质。教师应对学生进行指导，让学生选择他们喜爱的运动项目，然后教师需要给低年级的学生们制订相应的训练计划，从实际出发合理安排，循序渐进地提高学生的训练强度，使学生的身体能得到有效的适应与发展。此外，由于学生过多，体育老师的数量有限，在针对每个学生制订不同的训练计划的过程中，体育老师很有可能照顾不全面或监管不到位。这就需要家长在日常的生活中，根据体育老师所设定的训练计划，督促孩子进行体育训练。体育教师还要发挥鼓励的作用，每隔一段时间就针对学生取得的体育训练成果进行奖励，并通过学生之间的评比激发学生的竞争意识。这些都是保障学生坚持体育训练的催化剂与助推剂，久而久之，学生就会养成坚持体育训练的良好习惯。

（3）探索小学生良好学习习惯的评价方法。为学生建立评价机制，可以使学生认清自身的训练状态与体育能力，通过评价教学的形式，可以更好地激发学生的意志力，从而防止学生在训练过程中出现不良习气，使学生坚持良好的训练习惯。要抑制学生的消极状态与意识，让学生在客观认识自身的前提下，保持积极的训练心态，使学生补全自身的短板，发扬自身的长处，全面建设训练能力与体育精神。体育教师可以建立《体育学科学习习惯评价手册》。手册中包含学生的自我分析、同伴的话、老师的话、家长的祝愿，以及一些关于好习惯的格言等，并采取月评和学期评相结合的形式，对学生的学习习惯进行评价。

（4）家校同步，促进学生养成良好的学习习惯。小学低年级阶段的学生年纪普遍较小，体育教师在针对其开展体育学习习惯指导教学的过程中，很有可能造成学生抵触、排斥或接受效率不高的情况。实际上，针对学生的体育教学，不光需要体育教师在课堂上进行指导，也需要家庭教育的辅助。家校同步合作，可以让学生在生活环境和学习环境当中把体育训练当作一种行为标准。所以，需要家校互通合作，帮助学生养成良好的体育学科的学习习惯。家长可以通过微信、钉钉等平台，及时与教师沟通，分享孩子的日常生活状态和学习状态，纠正自身在教育过程中出现的纰漏，从而配合体育教师巩固体育教学成果。同时，针对个别对体育学科极其排斥的学生，也要进行个案分析，通过家校互通合作，掌握孩子的心路历程和对体育学科的真实看法，通过形式上的转变与模式上的更新，调整学生的心态、思路和行为，从而加强对学生的跟踪教育、深入教育和研讨教育。在个案分析之后，将存在的问题进行转化，从而更好地帮助学生强健体魄，完善体育思维，巩固体育学科的教学成果。

（六）研究结论

教师在体育课堂上通过强化学生的训练，逐步使学生养成积极训练的良好习惯。在体育课堂上注重学生的思维模式与自觉训练行为的培养，并抑制和消除学生的不良习惯，形成良好的课堂风气。这样既能减轻教师的教学负担，又能在最大程度上推动小学体育课堂的教学进程，提升教学质量，完善核心素养教学体系，为学生的终身发展保驾护航。

1. 确定了起始年级学生体育课良好学习习惯的内容

课题组成员基于相关文献的理论成果、实地调查研究和实践操作确定了起始年级学生体育课良好的学习习惯有：自觉遵守纪律的习惯，听从指挥的习惯，专心倾听、认真练习的习惯，勇于克服困难和遇到困难时互帮互助的习惯，面对挫折和失败保持良好心态的习惯，课前自学动作和课后练习的习惯，自主参加体育锻炼的习惯等。

2. 课题组成员齐心协力编写了《体育课学习习惯歌》

如“小学生，爱运动，认真上好体育课。铃声响，快站好，横队纵队要找好。课堂上，专心听，善于倾听最重要。同学练，细观察，互帮合作质量高。”这些习惯歌以顺口溜的形式出现，有利于学生养成学习锻炼的好习惯。

3. 促进了学生良好学习习惯的养成

学生的体育学习习惯得到了较大的转变，学生在进行锻炼时的组织性、纪律性、积极性都得到了加强，学习效率和体育核心素养也得到了显著提升。

4. 提升了教师的职业水平与教学素养，从而带动了课堂的整体优化

在研究本课题之后，课题组教师将教学思路内化成教学实践，从而帮助自己推进教学，转变传统的教学思维模式，更新和完善教学策略，提升体育学科的教学效率。

5. 张春平老师撰写了论文《浅谈小学起始年级体育课良好习惯的培养》，并获得了市级教育创新论文三等奖

（七）研究问题及思考

本课题在调查了相关文献并总结了多位学者的研究观点的前提下，对本校学生有关体育学科学习习惯的教育策略进行了相关的研究，基本完成了预定的课题目标。课题结束之后，也取得了相应的研究成果，使得学生的体育学科核心素养得到了应有的提升。实际上，帮助学生养成良好的体育学科的学习习惯是一个漫长的过程。这既是一个综合性的问题，也是一项长期的教学工作。由于调研时间有限，有很多方面还需要进一步探究才能得出更精细化的结论。

首先，把握个体的差异性。在实际的体育教学过程中，学生由于家庭背景、性格能力、个性特征、接受程度的不一致，在培养学习习惯的过程中，学习思维存在差异。因此，如何把握个体的差异性，寻求更好的方法，建立学生的学习思维体系，是未来的相关研究方向。

其次，在帮助学生养成良好的体育学科的学习习惯的过程中，我们开展了相应的家校合作教育模式的研究。研究通过家庭与学校之间的互通合作，以达成新的教育模式。但是，在研究后，我们发现，有关家庭教育指导的时机和方式还有待进一步完善，虽然我们总结了相关的研究方式和教育方法，但并不等于所有的家长都会自觉地针对体育学科的学习习惯进行教育。如何通过个性化的指导，让家长自觉探究教育方式，对学生进行教学，值得我们进一步挖掘研究。

最后，培养学生的体育学科的学习习惯是一个长期且漫长的过程。由于教学环境、体制政策、学生学习现状等的不同，在强化学生训练，帮助学生形成学习习惯的时候，如何增强学生的自觉性，将学生的主动学习意识融入体育学科的建设当中，是教师教学中首先要思考的问题。挖掘学生的自主探究意识与能力，并保障学生的学习效率与方法，需要建立在扎实的理论基础之上。结合相应的情况进行深入的探究，并与其他学科达成互通协作，从整体的大环境中不断改变学生的学习思维，是将研究成果持续输出的必要手段与途径。

三、参考文献

[1] 吴琼. 北京市小学高年级学生驼背的致因及干预研究 [D]. 北京：北京体育大学，2019.

[2] 王改芳. 城市小学生休闲体育行为养成研究——以上海市为例 [D]. 上海：上海师范大学，2019.

[3] 杨宏勇. 小学体育足球训练效率的提高策略 [J]. 当代体育科技，2017 (7).

［4］曾钢生．小学篮球课外训练方法探讨［J］．课程教育研究，2017（31）．

［5］程功群．历史“丑角”之教育作为——韩复榘主政下的山东教育（1930—1937）［D］．武汉：华中师范大学，2017．

［6］梁玉华．小学低年级学生体育锻炼习惯培养的研究［J］．学周刊，2016（35）．

［7］王雪．北京市中小学啦啦操可持续发展研究——以全国啦啦操联赛北京站为例［D］．北京：首都体育学院，2016．

［8］苏艳景．北京医科大学附属小学排球传统项目开展情况的研究［D］．北京：首都体育学院，2016．

［9］谢校培．素质拓展训练融入小学五年级体育课程的教学设计及应用研究［D］．银川：宁夏大学，2016．

［10］孙爽．济南市小学课余排球训练开展现状与发展对策研究［D］．济南：山东体育学院，2015．

课题九　在音乐教学中增强小学生自主学习能力的策略研究

一、课题组成员信息及分工情况

（一）课题组成员信息（见表9－1）

表9－1　课题组成员信息

<table>
<tr><td rowspan="2">课题主持人</td><td>姓名</td><td>单位</td><td>性别</td><td>现任职务</td><td>出生年月</td><td>学科</td></tr>
<tr><td>刘艳红</td><td>天津市滨海新区塘沽浙江路小学</td><td>女</td><td>教师</td><td>1971年8月</td><td>音乐</td></tr>
<tr><td rowspan="3">课题组主要成员</td><td>姓名</td><td>学科</td><td>职务</td><td colspan="3">单位</td></tr>
<tr><td>张俊</td><td>音乐</td><td>教师</td><td colspan="3">天津市滨海新区塘沽浙江路小学</td></tr>
<tr><td>李玮</td><td>音乐</td><td>教师</td><td colspan="3">天津市滨海新区塘沽浙江路小学</td></tr>
</table>

（二）课题组成员分工情况

刘艳红：负责课题研究的组织、管理、实验工作。

张俊：负责课题研究的对内及对外交流、实验工作。

李玮：负责课题研究的资料积累、档案管理与实验工作。

二、课题详细信息

（一）课题由来

增强小学生自主学习能力的策略研究是课程改革的需要。课程改革的目标明确提出，要让学生学会学习、学会生存、学会做人，并特别强调“培养学生的终极目标是让学生学会学习”。这是学校发展的需要，是实施素质教育的需要。

国外非常重视对学生自主学习的研究，并且逐渐成熟，形成了不同的理论学派，都对自主学习做出了比较系统、深入的研究。国内也已开始对自主学习能力培养进行研究，但是，对小学生音乐自主学习能力培养方面的策略研究不够深入，由此，我们提出了本课题。

（二）课题界定

自主学习指学生在学习活动前自己能够确定学习目标、制订学习计划、做好具体的学习准备，在学习活动中能够对学习进展、学习方法做出自我监控、自我反馈和自我调节，在学习活动后能够对学习结果进行自我检查、自我总结、自我评价和自我补救。本课题的研究是在新课程理念的指导下，在小学音乐教学中，转变传统的“教为先，学为后”的音乐教学方式，构建新教学模式，培养学生的自主学习意识，让学生通过自己的努力，积累学习经验，形成自学能力。

（三）研究目标

一是培养小学生学习的自觉性、主动性、独立性、坚持性；引导小学生掌握科学的学习方法，提高自主学习能力。二是探索增强小学生自主学习能力的教学模式和策略，并在一定范围内推广。

（四）研究内容

研究内容主要包括：第一，小学生自主学习兴趣、自主学习意识培养的研究；第二，增强小学生自主学习能力的教学模式的研究；第三，小学生自主学习能力评价的研究。

本课题研究的内容之间存在着内在的联系，即要培养学生的自主学习能力必须要先解决学生想自主学习、愿意自主学习和敢于自主学习并能保证长期坚持的问题，所以要先进行“小学生自主学习兴趣、自主学习意识培养的研究”。在完成这个研究的基础上，“增强小学生自主学习能力的教学模式的研究”成了整个课题的研究核心，也是整个课题最有价值的研究内容。而“小学生自主学习能力评价的研究”需要贯穿于整个课题的全过程，它直接监控整个课题的进展情况和对研究的质量进行评判。

（五）研究情况

1. 2017 年 6 月是课题研究的准备阶段

在这个阶段，课题组成员选择研究方向，确定研究课题，撰写开题报告。课题组在确定课题后，编制了调查问卷（见表 9－2），对浙江路小学上海道校区和南益校区共三个实验班进行调查问卷。课题组选择了 60 个样本进行调查，了解学生当前自主学习能力的真实水平及存在的问题，并根据调查结果分析制约学生自主学习能力形成的主要因素，为撰写开题报告、制订研究方案打好基础。

表 9－2　　浙江路小学学生音乐自主学习能力调查问卷

项目		具体要求	能	不能
学习活动前	确定学习目标	明确一节课或一单元的自主学习目标		
	制订学习计划	制订比较具体的学习计划		
	做好具体的学习准备	心理、情感、学具、方法、知识技能等各方面做好准备		

续　表

项目		具体要求	能	不能
学习活动中	自我监控	对自己在学习活动中的表现进行监控		
	自我反馈	对自己在学习活动中存在的问题进行反思		
	自我调节	根据自我反馈及时调节自己的学习状态、方法等		
学习活动后	自我检查	对自己的学习状态、方法、效果等进行检查		
	自我总结	对自己取得的成绩与存在的问题进行总结		
	自我评价	对自己的学习活动能根据评价标准进行较为客观、准确的评价		
	自我补救	对自己学习活动中存在的问题、不足能想办法纠正或弥补		

2. 2017 年 7—8 月是课题申报论证和立项阶段

在这个阶段，课题组成员进行了理论学习。我们采用了集中学习和自主学习相结合的方法，通过上网学习、学习专著、阅读教育教学类刊物，学习有关自主学习的教育教学理论，写好教育随笔，积累教育智慧，用以指导自己的教学行为。我们撰写的教育随笔共 6 篇，分别是：《民主教学在小学音乐课堂的应用》《运用多媒体技术进行自主学习》《自主学习歌曲的学习模式思考》《运用激励性评价培养学生自主学习能力》《如何激发学生自主学习的积极性》《培养学生的合作学习能力》。通过学习，努力从理论层面上引导教师对实验课题产生背景、科学依据、教育思想、实践价值进行全面把握，从而实现教育思想、教育观念的转变。进一步完善开题报告，针对实验班，形成全面而详细的具有可操作性的研究方案，并进行申报，做好开题论证工作。

3. 2017 年 9 月—2019 年 1 月是课题研究的实施阶段

在这个阶段，课题组成员落实课题的内容和方案，将其用于小学音乐教学实践中，不断地从理论到实践，再由实践到理论，如此反复，最终形成了有一定价值的操作模式和策略，并对操作策略和所形成的学生能力进行评价。

（1）先进行“学生自主学习意识、自主学习兴趣的培养研究”。首先制订了课题组的研究计划。课题组成员积极主动、坦诚无私地交流自己的教学实践与思想，在教学管理中心的支持下，积极参加各种教学观摩、学习、参观活动，也邀请其他学校的教师参加我们课题组的观摩活动和研讨活动。具体包括2017年9月22日到塘沽教育中心参加本学期教研工作安排会，2017年10月20日到福州道校区参加集体备课，2017年11月3日到塘沽教育中心参加双优课辅导；刘艳红老师于2017年11月20日—2017年11月24日到北京参加“三名工程”跟岗培训，2017年12月8日到天津市滨海新区塘沽实验学校听张咏馨老师的观摩课，并撰写论文《浅谈小学生自主学习兴趣的培养》，为课题的进一步研究打下了良好的基础。

（2）开展“增强小学生自主学习能力的教学模式的研究”，这是整个课题研究的核心，也是整个课题研究最有价值的内容。在新课程理念的指导下，转变传统的课堂教学行为，强调学生的主动发展，让学生通过自己的努力，积累学习经验，提升自己的能力，增强自信心和成就感。突破传统的“教为先，学为后”的音乐教学方式，构建新的教学模式。教研活动，以师徒备课、听评研讨课等形式为主。刘艳红与张俊、李玮师徒备课12节，教研组听评课18节。南益校区李莉主任经常抽时间参与音乐教研活动，并和刘艳红老师在课后分别进行了评课指导，其间，于2018年4月27日去天津市滨海新大港二小听市级双优课一等奖展示活动等。课题组做到了每月召开一次研究会，反思、调整、总结课题研究工作。撰写论文《浅谈培养小学生自主学习能力的音乐课堂教学模式》，在天津市基础教育“教育创新”论文评选中获得区级二等奖。刘艳红老师于2018年6月在天津市滨海新区塘沽中小学音乐学科交流研讨活动中指导青年教师做区级研讨课一节。

（3）完成学生自主学习能力评价体系的构建，初步实现了学生自主学习的自我监控、自我调整。

4. 2019 年 1 月是课题研究的总结阶段

在这一阶段，课题组成员将各阶段的成果整理、汇总，并分析、研究、总结、提炼，收集数据，做好结题验收工作，写出研究报告，并提请结题验收。

撰写论文《在音乐教学中培养小学生自主学习能力的实践与探索》，并报送参加 2019 年天津市基础教育“教育创新”论文评奖。撰写课题研究报告，准备申请结题。

（六）研究结论

1. 建构增强小学生音乐自主学习能力的教学模式

（1）通过行动研究，探索出培养小学生自主学习能力的“六环”教学模式。即聆听体验、发现难点、自主视唱、合作探究、演唱歌曲、拓展延伸。自主学习“六环”教学模式的实践，为学生积极主动接触音乐、加入音乐学习、参与音乐实践活动，提供了更为广阔的空间、舞台。

①聆听体验。完整、充分、反复地聆听音乐作品，在聆听中体验、感受，体验、理解音乐的感性特征和精神内涵，初步享受音乐审美过程带来的愉悦。

在教学伊始，笔者特别注重让学生静下心来反复聆听歌曲。第一遍聆听：教师安排学生静下心来自主聆听音乐，聆听后让学生谈一谈自己对歌曲的初步感受。比如歌曲情绪是优美热烈的还是忧伤的，节奏是欢快活泼的还是舒缓的……第二遍聆听：学生带着问题聆听，进一步体验乐曲所表达的情绪；如感受模糊，再一次聆听去印证。第三遍聆听：达成共识后，用简单的肢体语言去表达音乐的节奏、情绪，比如，拍拍手、拍拍腿，有时也可以用不同的哼鸣来表达，例如，嘟嘟嘟、啦啦啦，忧伤的则可以用无字哼鸣表达。

②发现难点。学生在反复聆听体验的基础上，认真寻找歌曲的难点，为自主学习歌曲打下坚实基础。这里所指的难点包括：歌曲最不容易唱准

的旋律，不容易掌握的节奏，比如，歌曲《四季童趣》里的节奏；还包括某些衬词咬字的清晰度，如歌曲《杨柳青》等。

③自主视唱。根据歌曲难度的不同，有时可先引导学生视唱曲谱，如学唱歌曲《老水牛角弯弯》。对于旋律容易上口的歌曲，就先引导学生试唱歌词。《咏鹅》这首歌的歌词学生都很熟悉，但是本歌曲的旋律对于刚入学的一年级孩子来说，着实有一些难度。所以教师采用了多种方法让学生感知歌曲旋律，通过反复轻声哼鸣给歌曲做音乐背景、无声模唱（对口型）、教师用手势引导学生感受旋律的高低变化等教学手段，让学生充分熟悉歌曲旋律后，才轻声试唱歌词。经过实践发现：运用这种教学手段，既激发了学生的学习兴趣，又培养了学生独立演唱歌曲的自信心。

④合作探究。就是通过师生合作、生生合作，交流探索，逐步达成共识，从而准确表达歌曲情绪的过程。在这个过程中，教师要充分发挥学生的主体作用，让学生在积极的合作、交流、探索中，突破歌曲的难点，获得成功的体验。

学习歌曲《春晓》时，在学生充分聆听本课的《春晓》后，教师引导学生聆听谷建芬版《春晓》，与本课的《春晓》进行对比。通过讨论，逐渐清晰地认识到：如果表达欢快活泼的情绪，演唱的速度就快一些；如果表达优美抒情的情绪，演唱的速度就要舒缓一些。教师进一步引导学生体验本课歌曲的原有情绪，为准确演唱歌曲做好准备。

⑤演唱歌曲。引导学生采用独唱、领唱、齐唱、对唱等多种形式演唱歌曲，充分展示歌曲，准确表达歌曲的情绪。同学之间以小组形式进行合作，采用不同的演唱形式表现歌曲。能对歌词进行简单编创，并能运用编创的歌词进行伴唱等。在这一过程中，教师要注重引导学生开展互评活动，以真诚评价促进学生提高学习兴趣和学习效率。引导学生从音色、音准、节奏、情感表达，以及是否声情并茂等方面进行评价。

⑥拓展延伸。在准确演唱的基础上，用边表演边唱歌曲、为歌曲选择打击乐器伴奏等形式，表现歌曲。比如，演唱歌曲《金孔雀轻轻跳》时，

引导有舞蹈基础的学生为演唱的同学伴舞。再比如，在学生能够完整地演唱歌曲《时间像小马车》后，引导学生自主选择打击乐器，并编配简单的伴奏型为歌曲伴奏。

（2）使用“六环”教学模式应该注意的几个问题

①自主学习的六个教学环节实为一体，不能割裂开来。六个环节是循序渐进的学习过程，每个环节中的内容不是固定不变的，应该根据不同歌曲或者不同学生适时进行调整，以确保学习效果。

②自主学习不是“自由”学习，是在教师的适时调控和指导下开展的。保证学生主体地位的同时，还要充分发挥教师的主导作用。教师在设计问题、引导评价、指导学习的过程中要起主导作用，还要创设美的情境、培养美的情感、歌唱美的音乐、分享美的体验。

③注重营造民主教学的氛围。在教学中，教师必须要公平公正地对待每一位学生，做到面向全体，既要尊重学生的个性发展，又要引导学生全面发展。将全体学生的学习积极性充分调动起来，鼓励学生积极主动参与到学习活动中来，为每一位学生搭建成长的舞台，让每一位学生都真正成为学习的主人。

④运用信息技术，开展自主学习。随着国家对教育的持续投入，教育事业的发展加快了，信息技术在课堂的应用早已成为现实。我们能借助信息技术将音乐作品直观地再现于学生的面前，声情并茂，使学生亲身体验到音乐的美妙。学生编创的歌曲、编配的伴奏，都能及时地以音乐的形式与大家分享。信息技术为音乐教学带来了前所未有的改革机遇，极大地促进了学生的自主学习。

自主学习“六环”教学模式，还需要进一步优化、改进，才能让学生尽情遨游于音乐的殿堂，充分感受音乐的魅力，享受音乐带来的快乐。

2. 构建增强小学生音乐自主学习能力的评价机制

培养小学生的音乐自主学习能力，应该建立自主学习评价机制。评价小学生的自主学习能力，既要评价学生的学习表现（见表9－3），又要评价教师的教学表现（见表9－4）。在评价实施上，教师是学生自主学习评价的引导者。通过学生自评、小组评、教师评，学生可以及时进行自我监控、自我调整。教师还要对自己的教学行为进行反思和修正。

表9－3　　浙江路小学学生音乐自主学习表现评价

项目	序号	评价标准	权重	得分
学生表现	1	乐于参与各项音乐活动	10	
	2	学习活动前，能确定学习目标、制订学习计划、做好具体的学习准备	15	
	3	学习活动中，能够自我监控、自我反馈、自我调节	20	
	4	学习活动后，能自我检查、自我总结、自我评价、自我补救	20	
	5	敢于发表自己独到的见解和感受，能对他人的表演进行简单评价	15	
	6	能创造性地进行歌曲的艺术表现	20	

表9－4　　浙江路小学音乐教师表现评价

项目	序号	评价标准	权重	得分
教师表现	1	能够采用多种形式激发学生自主学习音乐的兴趣。引导学生积极参与音乐体验，鼓励学生对所听音乐表达独到的感受和见解	10	
	2	培养学生良好的预习习惯	10	
	3	面向全体学生，关注学生个体需要，为不同层次的学生提供表现、参与活动和获得成功的机会	20	
	4	设定生动有趣的创造性活动内容、形式，激发学生的想象力和创造力，培养其合作精神	20	
	5	培养学生自我监控、自我反馈、自我调节的意识和能力	20	
	6	培养学生自我检查、自我总结、自我评价、自我补救的意识和能力	20	

3. 初步探索出增强小学生音乐自主学习能力的策略

小学生自主学习的音乐课堂可以概括为：学生有内在学习动机的“想学”，学生掌握一定学习策略的“会学”，学生有意志努力的“坚持学”。

（1）增强音乐学习的内在动机，让小学生“想学”。

①保护好小学生的音乐好奇心。好奇、好问、好动是儿童的天性。小学生与生俱来就喜欢新鲜事物和新知识，对动听、悦耳的音乐有好奇心。要精心呵护学生的好奇心，要多选择富有童趣的音乐作品，精心设计富有游戏性的活动。经常组织一些音乐比赛或展示活动，培养小学生的音乐兴趣。

②尊重学生的音乐感受。相同的音乐，每一个人获得的感受是不一样的，这也正是音乐的魅力所在。在音乐教学中，要充分给予学生自主学习的空间和自由，让他们以自己的方式感受音乐、表达音乐，在音乐的海洋里自由遨游。

③让学生体验音乐的快乐。在音乐教学中，教师应激发学生的求知欲，让学生快乐地投入学习活动中，在学习中体验求知的满足感、成功的愉悦感。

④充分运用信息技术提高小学生的学习兴趣。在音乐教学的欣赏、范唱、伴奏、表演和创作等各个领域，运用现代信息技术能够增强学生学习的趣味性。现代信息技术的教学手段，可以将声音、光色、情景融于一体，动静结合，视听并举，让音乐知识变得鲜活；让情境生动，课堂充满艺术的生趣；让学生参与音乐表现活动的积极性高涨，对音乐作品的感知更加充分，情感体验更加深刻。

⑤开展器乐教学，激发学生的学习兴趣。教师要将教学过程中的单一教唱发展成唱歌与演奏相结合的形式，使嗓音条件不佳、对唱歌发怵的学生，多一个展示自我的舞台。例如，口风琴的教学就非常符合小学生音乐学习的特点，能够激发小学生学习音乐的兴趣，提高学习积极性。

（2）掌握一定的知识技能和学习策略，让小学生“会学”。

①开展唱歌教学，提高小学生的演唱能力。准确理解并有感情地演唱歌曲，是小学生自主学习音乐必须拥有的基本能力之一。在教学中，一定要引导学生掌握必要的音乐知识和正确的歌唱方法，以恰当的情感来表现歌曲的思想内容。

②开展器乐教学，提高小学生的演奏能力。器乐演奏对于提高小学生的音乐自主学习能力的作用非常明显。演奏的乐器应该是学生易学易奏的，适合集体学习使用。在器乐演奏教学中，应该引导学生掌握演奏的基本知识与技能，包括正确的演奏姿势、演奏方法、吹奏的呼吸方法，以及音准、节奏等。提高小学生的齐奏能力、合奏能力以及歌曲伴奏能力，他们会越来越“会学”。

③开展律动和歌表演，培养小学生的综合表演能力。在律动教学中，教师不但要注重动作技巧的训练，更要鼓励学生积极参与，让每一个学生都进入音乐的角色中，聆听音乐的同时发挥创造思维，尽情想象音乐描绘的意境，并用身体的律动充分表现对音乐的理解和感受。

④开展识谱教学，培养小学生的识谱能力。识谱能力是提高小学生音乐自主学习能力的重要内容。让小学生参与音乐审美实践活动，是开展识谱教学的最佳途径。识谱能力的培养，应该由浅入深，循序渐进地进行。借助学生熟悉的歌曲以及乐器演奏来识读乐谱，比进行单纯的“读谱训练”和“视唱练习”要好很多。结合欣赏、歌唱和演奏等音乐实践活动开展识读乐谱教学，会取得事半功倍的效果。

（3）磨炼意志培养自信，让小学生“坚持学”。

①在教学中，教师要适时“放手”。教师甘于退居幕后，把学习的主体地位还给孩子们，不要让学生养成依赖的不良习惯。老师的好心“帮助”，会让学生形成依赖，妨碍他们成长。学生演唱歌曲时，教师时常好心“帮唱”，然而，孩子们自己演唱时，大多唱得磕磕碰碰，或者停停唱唱，用“求助”的眼神望着教师，等待帮助。所以，教师一定要懂得“放

手”，善于“放手”。让学生学会独立，让学生去经历失败，需要帮助的时候，也尽量请“小老师”来帮助他们，培养自信。

②培养良好的学习习惯，提高小学生的音乐自主学习能力。好的习惯，受益终生。在音乐学习中，好的习惯包括：课前准备的习惯，保持正确的倾听、演唱姿势的习惯，专心听讲、积极思考的习惯，在课堂上能主动回答问题的习惯，能和别人合作的习惯，按时完成作业的习惯，课外欣赏音乐的习惯，尊重与欣赏老师的习惯，善于提问、总结错误的习惯等。

培养小学生自主学习音乐的能力的途径是多方面的，我们要为孩子们营造一个良好的音乐学习环境，使音乐教学走向音乐教育。

4. 参加实验的小学生，音乐自主学习能力提高明显

实验前、实验后调查问卷数据分析结果显示，课题组确定的十个指标，实验后，均有提高（见表9－5）。特别是小学生的确定学习目标、制订学习计划、自我监控、自我反馈、自我评价能力等数据提高幅度超过30%。进一步证明通过本课题的实验研究，小学生音乐自主学习能力有所提高（见图9－1）。

表9－5　　浙江路小学学生自主学习能力调查问卷数据分析

项目	学习活动前						学习活动中						学习活动后							
	确定学习目标		制订学习计划		做好具体学习准备		自我监控		自我反馈		自我调节		自我检查		自我总结		自我评价		自我补救	
	实验前	实验后	实验前	实验后	实验前	实验后	实验前	实验后	实验前	实验后	实验前	实验后	实验前	实验后	实验前	实验后	实验前	实验后	实验前	实验后
人数（人）	11	39	14	34	26	41	7	29	19	37	9	23	12	28	18	35	16	42	3	14
百分比（%）	18	65	23	57	43	68	12	48	32	62	15	38	20	47	30	58	27	70	5	23

注：调查人数为60人。

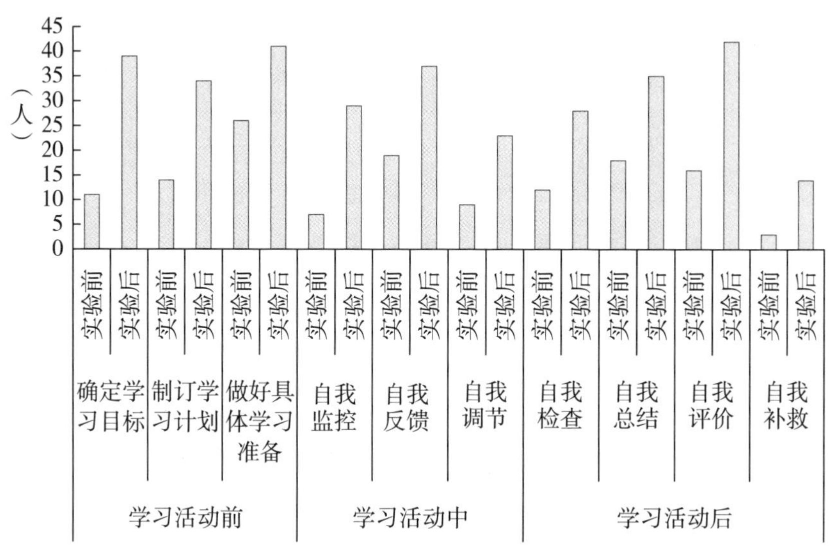

图 9－1 浙江路小学学生自主学习能力调查问卷数据分析

经过三个学期的研究，我们取得了一些成绩，也存在很多问题，主要包括：培养小学生自主学习能力的“六环”教学模式，还存在很多不足，还需要进一步完善；小学生虽然能够初步在学习活动后对学习结果进行自我检查、自我总结、自我评价，但还不能很好地进行自我补救；增强小学生自主学习能力的策略还有很多，还需要我们继续深入研究，探索它的规律，并创造性地用于教学，进一步增强小学生的自主学习能力。

三、参考文献

［1］庞维国．论学生的自主学习［J］．华东师范大学学报（教育科学版），2001（2）．

［2］庞维国．自主学习：学与教的原理和策略［M］．上海：华东师范大学出版社，2003．

［3］庞维国．中小学生自主学习的教学指导模式研究［J］．心理科学，2003（2）．

[4] 牛亏环. 西方自主性学习研究进展分析 [J]. 外国中小学教育，2014 (11).

[5] 左昕. 关于自主学习的理论和能力培养的策略问题 [D]. 上海：华东师范大学，2010.

[6] 侯建军. 国外自主学习能力培养研究及启示 [J]. 教学与管理，2007 (36).

[7] 陈彩凤. 指导学生自主学习，提高课堂实效 [J]. 成功（教育），2011 (7).

课题十　小学低年级语文课堂有效讨论的研究

一、课题组成员信息及分工情况

（一）课题组成员信息（见表10－1）

表10－1　　课题组成员信息

<table>
<tr><td rowspan="2">课题主持人</td><td>姓名</td><td colspan="2">单位</td><td>性别</td><td>现任职务</td><td>出生年月</td><td>学科</td></tr>
<tr><td>刘荣江</td><td colspan="2">天津市滨海新区大港第十二小学</td><td>女</td><td>教务处主任</td><td>1971年1月</td><td>语文</td></tr>
<tr><td rowspan="4">课题组主要成员</td><td>姓名</td><td>学科</td><td>年级</td><td>职务</td><td colspan="3">单位</td></tr>
<tr><td>张安婷</td><td>语文</td><td>一年级</td><td>教师</td><td colspan="3">天津市滨海新区大港第十二小学</td></tr>
<tr><td>高伟</td><td>语文</td><td>二年级</td><td>教师</td><td colspan="3">天津市滨海新区大港第十二小学</td></tr>
<tr><td>高美辰</td><td>语文</td><td>三年级</td><td>教师</td><td colspan="3">天津市滨海新区大港第十二小学</td></tr>
</table>

注：王宁、窦秀凤、刘菁、张茹濛等教师对课题亦有贡献。

（二）课题组成员分工情况

刘荣江：课题负责人，负责课题的总设计，主持课题研修；制订计划、方案；撰写开题、中期和结题报告。

张安婷：负责会议记录，进行课堂实践，资料的收集、整理，撰写相关论文。

高美辰：进行课堂实践，负责资料的收集、整理，撰写相关论文。

高伟：进行课堂实践，负责资料的收集、整理，撰写相关论文。

王宁：进行课堂实践，负责资料的收集、整理，撰写相关论文。

窦秀风：进行课堂实践，负责资料的收集、整理，撰写相关论文。

刘菁：进行课堂实践，负责资料的收集、整理，撰写相关论文。

张茹濛：进行课堂实践，负责资料的收集、整理，撰写相关论文。

二、课题详细信息

（一）课题由来

当今我国的课堂讨论提倡一种启发式的方式，提倡师生合作的有效学习。启发式的课堂讨论也是促进合作学习的有效手段和方式。课堂有效讨论是我们不可忽视和低估的，它的目的是促使教师和学生积极参与，使思维表达能力得以进一步发展、提高。这也是语文教学最核心的培养任务。可是，现在的语文课堂经常都是热热闹闹地讨论，冷冷清清地收场，学生的讨论只是走过场，他们想到什么就随意说什么，不会随时补充，不会交流分享，整体上低效而且非常劳神。所以现在有不少的教师在语文课堂进行这样多方面的讨论和研究：有的从学生讨论的问题角度进行探讨和实践，有的从教师讨论的问题、分组的角度进行论述，有的从语文教学方案设计的角度进行考虑，还有的从语文教学评价的标准制定角度进行畅谈……大家从不同的角度进行了语文课堂教学方面的探索。

我们认为，所谓的“讨论”应该指由两个或两个以上的学生共同组成一个小组，互相进行分享、批判、碰撞的过程。无论是从学生的课堂有效讨论的基本定义和内容出发，还是从学生的心理机制结构出发，都可以说：课堂上有效的讨论需要学生的参与。国内外的教育都一直致力于促进学生的核心素养的提高，因此，语文老师更需要密切关注学生的语文素养的提高，以便于学生更好地理解和适应当今飞速发展的社会。低年级的小学生，他们像是一张纯洁的白纸，教师更应该从培养孩子语文学习能力的角度，让他们真正学会讨论，从而在课堂上有所收获。

（二）课题界定

《辞海》对“讨论”的定义和解释是用声音探讨寻究，议论其得失。《现代汉语大词典》对“讨论”的定义和解释是就某一个个体的问题进行交换意见或者对问题进行辩论。在小学语文课堂中，一个学生的想法和他人想法的差异性无疑是构成讨论的必要条件。有人解释说，每个学生的想法都以独特的形式存在于自己的世界中，然后在交流中和别人的想法产生共鸣。所以课堂讨论就是为了使师生之间、学生之间能够相互交换自己的观点、看法，进行争辩或通过交流进行分享而设立的。

“有效讨论”顾名思义，指的是课堂讨论能够围绕着语文教学内容和语文教学目标进一步深入展开，通过课堂讨论进一步拓宽学生的知识与思维的宽度和深度，激发学生自身的创造力和潜能，从而逐渐达成教学目标。在低年级语文课堂中，教师可以通过组织设计自主学习、小组讨论、班级交流与展示、学生质疑与拓展、课后检测与反馈等几个环节展开有效讨论的教学实践过程。学生们在表达自身的想法，提出并解决问题的过程中，不断完善自身的知识、方法与提高思维能力。因为有效的讨论能实现互动，让低年级学生们的口、脑全部都活动了起来，能够很好地发挥学生的主观能动性，可以促使低年级的学生逐渐形成“不唯师”的良好品格。

所以，在小学低年级，教师就要培养和引导学生在课堂上进行有效倾听与讨论，让语文课堂真正发展成为一个师生之间、生生之间共同交流、充分展示自己的良好平台。在小学低年级语文课上，重要的是建立培养和引导学生倾听与讨论的良好习惯与表达方法，让低年级的学生从小就学会倾听、讨论、交流、表达。这样，我们就可以真正让低年级的学生在自读自悟中、在边读边想中、在相互质疑中、在解疑讨论中、在师生互动和生生互动中动脑、动口，深入学习，培养语感，解决实际问题。因此，就应该引导学生在课堂上进行有效讨论。

（三）研究目标

1. 激发学生的创新意识

通过对同学的意见和观点的评价，学生的批判性思维得到培养；与同学进行交流，学生的思维能力得到提高，同时也能获取多种解题方法。

2. 提升学生的交流能力

能使学生的学习更活泼，充分展示自我，在思辨中去探求新知，互相学习，相互补充，共同进步。

3. 增强学生的主体意识

课堂讨论能发挥学生的主体作用，增强学生的主体意识，提高学生的语言表达能力。

4. 促进教师专业化发展

在有效课堂讨论的研究中，从以教师的教为主到以学生的学为主，体现了教师角色的转变，为学生的发展服务。

（四）研究内容

结合低年级语文课堂的特点，探索如何具体有效地进行课堂讨论，找出语文课堂教学中哪些方面能提高学科的学习效率。我们预定从以下几方面进行研究：如何设计有价值的讨论问题；有效讨论中教师的作用；有效讨论方法指导的研究。

（五）研究情况

1. 准备阶段（2017 年 6—8 月）

（1）理论学习。先从网上学习了课堂讨论方面的理论，再收集资料、制订研究方案。对研究方案进行修改完善，搞好课堂讨论调查工作，分析学生特点和课堂教学现状，提出改进意见。共同学习《课堂教学有效性的探索》，一起研读《有效教学的理念与策略》等书籍。

（2）共同教研。召开课题组全体成员会议，研讨本课题的可行性和具体研究方案。主持召开课题组教研会议，由课题负责人部署第一期研究工作：观察课堂，设计如何在课堂教学中进行有效讨论。组织课题组老师学习有关语文课堂教学中有效讨论方面的文献资料，目的是和学校所有语文教师一起进行课堂改革。

（3）教学论坛。以学校为单位，开展“小招法大智慧”等活动，交流当前的研究情况。在会上对全体教师进行课堂教学模式的讲解与分析，让教师对学生的讨论状况加以关注。

（4）不断小结。进行调查问卷的总结，了解了学校语文课堂教学现状，写出了小型调查报告，这样就可以有针对性地进行课堂实践与总结。

2. 实践阶段（2017 年 9 月—2018 年 10 月）

本阶段研讨的重点是，构建一个高效的有效讨论的课堂。

（1）分析整理资料，上好研讨课。由高伟、张安婷、高美辰做研讨课，通过听课、上课、评课、研讨等形式，完善课中互动、讨论这一环节，及时写好案例反思。

（2）持久行动，课堂探索。课题参与者在进行课堂实践过程中，不断总结，对一、二年级的课堂给予指导，对教学环节进行分析讲解，让老师们一起深入研究，并记下研究成果。

（3）虚心学习，专家指导。及时向专家学习，使课题研究走向深入。邀请大港进修学校语文教研员刘锦香老师对本课题的研究与实验进行检查、指导，课题组随时根据专家意见进行修正。

（4）集体教研，不断尝试。每个班级尝试在班级中实施“有效讨论”，让学生在课堂上得到充分交流，以此达到“减负增效”的目的。每两个星期进行一次集体教研，提出改进意见。

（5）主题论坛，延伸触角。举办了以“有效讨论”为主题的教育论坛，大家围绕“有效教学”这个核心主题畅所欲言，气氛相当热烈；青年教师是学校发展的主力军，他们在这个过程中，学习了其他教师的成功经验，促进了自己的发展。

（6）加强备课，深入研究。课题组成员观摩参与了其他教师的备课活动，身临其境，对集体备课的必要性和重要性有了更深刻的认识，真切地感受到了集体备课乃课堂有效教学的关键所在。

（7）学习培训，借助外力。组织语文老师外出学习、参加培训。其中张安婷老师上研讨课、示范课，并认真组织评议。带领课题组的其中四位老师去塘沽学习，重点借鉴学习互动环节，回校之后进行研学交流。

（8）质量分析，推进教学。进行课堂教学分析，重点进行学生讨论方面的观察与研讨。

3. 总结阶段（2018 年 11—12 月）

本阶段的重点是形成一个师生对话、生生对话等多种讨论的策略。主要做的工作有：收集整理各种实验资料；整理教师论文、案例、论坛集；为结题做准备工作，撰写结题报告。

（六）研究结论

1. 进行课堂有效讨论现状的调查和课堂教学的观察

随着新一轮基础教育课程改革的逐步深入，课堂教学的组织形式也在悄然发生变化。所以对学生的课堂讨论情况，我们进行了调查。本次调查采用问卷与谈话相结合的方式，对本校 2 个年级 8 个班 304 名学生的语文课堂有效讨论情况进行调查。经调查和课堂观察发现了以下几点。

（1）多数同学能参与到学习的过程中来。他们意识到了上课认真听讲的重要性，注意到了讨论的重要性。从学生相互提问的情况来看，能够经常问为什么的学生只有 20%，说明大部分学生的问题意识很淡薄，缺少探索钻研问题的积极性；面对提问，经常主动举手的学生有 40%，说明部分学生主动参与意识不够；学生间不会相互提问，只会说你为什么这样做。

（2）讨论质量不高，同学间缺乏合作。课堂讨论的目的是让学生更好地理解知识，掌握技能。可在课堂上，低年级学生的讨论有四种现象：你争我抢，独霸话语权，游离其外，流于形式。表面上热热闹闹，可对于问题一没解决，二没深入，既浪费了时间，又没提升思维能力。我们常看到讨论一开始，学生们直接就把小脑袋们挤到一起，远看像模像样地说着、争论着、交流着，其实走近一听就会发现他们根本没有说到点上，甚至有的早已经跑题了，可还是说得津津有味。并没有通过交流讨论展示自己的思维，也不能真正地就别人的想法提出自己的意见和建议，有的同学即使有不同的想法，也只是大声说“你错了，你错了”，而不能将自己的理由申诉出来。这些现象在课堂上十分常见。

（3）教师参与过多或过少。课堂教学中，教师的角色是学习活动的组织者，而实现有效学习的活动过程的主体永远只是学生。教师工作的唯一目标是促成学生的有效学习，学生通过学习实现自主发展。有些教师只抛出开场白问题，然后在余下的时间里很少或从不说话。这种撒手不管的方法本身并没有问题，如果学生们能真正开展讨论的话，课堂是有效的，可是我们面对的是一二年级的孩子，教师要实时参与，适度地放，适时地收。为防止出现学生遇到难题手足无措的局面，教师要根据学生的学习进程进行调控，随时把握一个“度”。有序地放。每一堂课，教师都要精心设计，让学生有目的、有计划且合理有序地学习，以获取更多更新的系统化知识。有效地放。学生是整个课堂的参与者和学习者，因而要让学生在学习过程中学会自主、积极、愉快地获取知识，充发体会到接受新知识的愉悦。教师参与得过多也不行，教师如果代替学生思考，代替学生回答，这样会使学生机械地讨论，劳而无功。

2. 在课堂实践中不断总结经验，改进教学方法

如何才能开展有效的课堂讨论，真正凸显学生的学习主体地位，在轻松愉悦的气氛下学习新知识，我认为可以从以下几个方面入手：教师方面要设计有价值的讨论问题，要把握好讨论中教师的角色，要做好科学分组，要发挥好教师的主导作用；学生方面要发挥讨论的主体性。

（1）教师要设计有价值的讨论问题。有人说：“一堂好课往往起源于一个好问题。”问题是语文课堂教学的核心，问题是思维活动的起点。好的问题能带动一堂课，好的问题需要设计，一定要进行有效设计。

①牵一发而动全身，抓住学生思维的聚焦点。教学问题是教学目标的转换，是教学目标的具体表述。有效的问题应该是“提领而顿，百毛皆顺”，主导文本研读、对话的大方向，引导学生纵览全局，感悟全篇，做到一“问”立骨，最大限度地调动尽可能多的学生来讨论问题。

a. 可以从标题入手。如教学《黄山奇石》一课时，在学生读完课文标题后，问他们：读完题目你们知道了什么？有的说：“我知道这篇课文写黄山的石头很神奇。”这时，就可以引导他们：“到底黄山都有哪些奇怪的石头？为什么说它们很奇怪？作者又是如何描述石头的神奇的呢？这节课我们就走进课文去探究一下。”这样抓住课文标题引导学生走进课文，能吸引学生的注意力，同时学生知道了标题就是文章的眼睛。

b. 可以从结尾入手。如教学《葡萄沟》一课时，让学生找出全文是围绕哪一段话来写葡萄沟的。学生会找出最后一段：葡萄沟真是个好地方。这时，可以引导他们：“为什么说葡萄沟是个好地方呢？作者是如何写出来的呢？我们一起走进美丽的葡萄沟。”这样抓住课文结尾学习文章，让学生明白结尾可以点明中心。

c. 抓住重点语句和关键细节设问。如学习《黄山奇石》一课时，可以抓住重点问题“黄山的奇石究竟是什么样子的”展开学习。带领学生学习“仙桃石”部分，通过对比喻句以及“飞”和“落”两个动词的分析，想象仙桃石是如何落下来的，体会写仙桃石语句的生动有趣。然后总结方法并指导学生按方法自主学习“猴子观海”“仙人指路”以及“金鸡叫天都”三个部分。最后追问：“段落结构有什么相同点?”同学们发现奇石名称在段落的位置有前有后，这样写使文章错落有致，不会单调。紧接着布置练写内容：“最后略写的奇石你可以仿照课文来写一写。”这样环环相扣的提问，让学生能够进行充分的思考，最终能结合自己的想象，写出自己喜欢的石头的有趣样子，把课堂推向了高潮。

②“条条大路通罗马”，开启学生思维的发散点。《语文课程标准》指出：“应该重视语文的熏陶感染作用，注意教学内容的价值取向，同时也应尊重学生在学习过程中的独特体验。”在课堂教学中设计开放性问题，促使学生全面地观察问题，深入地思考问题，并用独特的思考方法去探索、解决问题。可从体验人物精神品质的角度设问，可从体验人物现实经历的角度设问，还可从体验人物生活启示的角度设问。如《大禹治水》一课中，先向学生介绍禹这个人物，让学生对人物有初步了解，接着出示文章题目，面对这样的文章题目，让学生提出问题，例如，教师可提问：“这个人叫禹，可是题目为什么叫大禹。”让学生带着疑问来讨论。在热烈的讨论中学生了解了洪水给人们带来的灾害以及禹坚持不懈治水，三过家门而不入，原来“大”是指禹的人格伟大，进一步帮助学生感受大禹的献身精神。

③“一石激起千层浪”，激发学生思维的兴奋点。儿童心理学家皮亚杰曾经说过：“所有智力方面的工作，都要依赖于兴趣。”对于学生来讲，只有他们感兴趣的东西，才会使其产生学习的欲望和动力。而富有价值的问题，是激发学生学习兴趣的有效手段。

a. 利用教具引发学生兴趣。如在教学《曹冲称象》的时候，为了让学生细致清晰地了解曹冲称象的步骤，可让学生演示称象过程，还可让学生动手“称象”，准备小盆、水、玩具象等教具，让学生边说边操作，学生们马上来了兴致，相互讨论如何“称象”通过讨论，学生很快记住了“称象”的步骤并能够按顺序复述。这就培养了学生的逻辑思维和表达能力。就这样，教师利用学生对事物的新奇感，突破了教学重难点。

b. 利用教学方法引发学生兴趣。又如，在讲授《狐狸分奶酪》一课时，一位同学把狐狸的品性归为了聪明，因为狐狸不费吹灰之力就吃到了奶酪。而大部分学生认为狐狸是狡猾的，因为它骗了小熊哥俩才得到了奶酪。教师可以巧妙地利用这个“冲突”，让学生们展开一场辩论赛，让持有不同观点的孩子们分成两个阵营，用自己的观点说服对方。辩论使孩子们兴趣大增，将文章主题、狐狸的动作、神态作为论点，很快就把课文分析得很透彻，提高了课堂效率。

（2）学生要发挥讨论的主体性。把学生要参与、要活动、要思考、要发展、要创新的需求融于讨论活动中，学生是教学过程的主体，让学生掌握知识，发展学生的能力，为学生的终身发展奠定基础，是教育教学的目的。

比如，在分组中，要照顾性别、性格、学习状况等诸多因素。教师对每个小组的分工都要牢记于心，在这个基础上还要选拔一些小组长，让他们发挥小老师的作用。培养小组长的协调、组织与观察的能力，看小组成员配合是否默契到位。当然在这一过程中，有些暂困生不参与时，教师要提示小组长给他们安排较简单的任务，并为他们创造发言的时机。小组长起关键的带头、帮助和协调的作用。这样有利于逐步培养学生的主动性和积极性，达到以学生为主体的目的。在小组合作学习过程中，教师要及时制止一些话语霸权的现象，扩大参与面，尽量使小组成员的发言机会均等，保证合作学习效果。教师要对小组内的合作进行必要和有效的组织与调控，使学生养成良好的合作学习习惯。在教学中要提高学生的主体地位，要强化学生这方面的练习，让学生逐渐学会参与、学会自主学习和合作学习。这样的讨论才会有实效，才会有真问题、真答案。对于学习的内容、目标、问题尽量让学生去争辩讨论，这样有利于培养学生的情感沟通、信息交流以及合作意识。此外，讨论的话题要小而具体，讨论的内容要有针对性，讨论的时机要有所选择，讨论的方式要灵活，讨论的时间要充分。

课堂讨论只是课堂教学的一种形式，在教学中，不能千篇一律地进行课堂讨论，需要讨论则讨论，不需要讨论就不要组织讨论，我们既要让学生动起来，更应该培养学生静下心来。讨论不能盲目，要讲究科学、讲究效果。只有不断地探索，在创新中开展讨论，才能提高教学质量，促进学生发展。教师要认真对待学生课堂讨论中所出现的问题，及时找到妥善的解决方法，这样做不仅学生获得了知识，提高了能力，教师也同样得到了进步，师生教学相长。

三、参考文献

［1］周萍．浅谈小学语文教学课堂讨论的有效策略［J］．作文成功之路（上），2014（12）．

［2］何红艳．小学语文课堂教学中讨论的有效性［J］．文科爱好者，2014（4）．

［3］刘雅洁．参与式教学在小学语文课堂教学中的作用［J］．滨海教研，2017（14）．

［4］刘庆昌．对话教学初论［J］．课程・教材・教法，2001（12）．

课题十一　小学体育大单元结构化教学模式研究

一、课题组成员信息及分工情况

（一）课题组成员信息（见表 11－1）

表 11－1　　课题组成员信息

<table>
<tr><td rowspan="2">课题主持人</td><td>姓名</td><td colspan="2">单位</td><td>性别</td><td>现任职务</td><td>出生年月</td><td>学科</td></tr>
<tr><td>刘泽强</td><td colspan="2">天津市滨海新区大港教师进修学校</td><td>男</td><td>教师</td><td>1982 年 2 月</td><td>体育</td></tr>
<tr><td rowspan="5">课题组主要成员</td><td>姓名</td><td>学科</td><td>年级</td><td>职务</td><td colspan="3">单位</td></tr>
<tr><td>田聪</td><td>体育</td><td>四年级</td><td>教师</td><td colspan="3">天津市滨海新区大港第六小学</td></tr>
<tr><td>付俊丽</td><td>品德社会</td><td>五年级</td><td>教师</td><td colspan="3">天津市滨海新区大港同盛学校</td></tr>
<tr><td>王艳霞</td><td>语文</td><td>五年级</td><td>教师</td><td colspan="3">天津市滨海新区大港海滨学校</td></tr>
<tr><td>邵明祥</td><td>数学</td><td>五年级</td><td>教师</td><td colspan="3">天津市滨海新区大港太平第一小学</td></tr>
</table>

（二）课题组成员分工情况

刘泽强：负责课题的总体规划、资金筹集、制度保障、人员调配、学习辅导、组织协调、阶段分析、撰写阶段性研究报告等。

田聪、付俊丽：负责课题实践及课题研究的具体事宜和日常管理、时间调配、方案报告撰写、理论提升、组织协调等。

王艳霞：负责组织课题实践、人员分工、理论提升、资料的收集整理、各阶段反思、各阶段总结、方法指导、学生管理等。

邵明祥：负责课题实践、资料的收集整理、各阶段反思、各阶段总结、方法指导、学生管理等。

二、课题详细信息

（一）课题由来

1. 体育单元教学计划学习内容孤立

体育单元教学计划在水平教学计划与课时教学计划之间起着承上启下的作用，它是水平教学计划的分解和细化，是课时教学计划的主要依据。从学习内容的组合来看，受传统思维影响，由于广大一线体育教师缺乏“教学内容物化能力”，缺乏制订高质量单元教学计划的水平，导致体育单元教学计划中学习内容混乱，学生体育学习逻辑线性化。试想，中小学体育与健康课程以这样缺乏生命力的课程内容为载体运行，自然会围绕一个运动知识和技能点进行孤立、线性教学，结果必然会弱化单元教学的价值。

2. 学生在体育单元中学习碎片化

体育单元教学计划中教学内容混乱等问题，是导致学生在体育单元中学习碎片化的主要原因之一。如果割裂了运动知识与运动技能之间的关系，那么运动知识与运动技能就成为孤立的、僵化的知识与技能，其学习方法和过程必然缺乏活力。所以，实施体育大单元结构化教学，让运动知识与运动技能结构化、关联性增强，是发展学生综合学习能力的需要，也是我们课题研究的另一个缘由。

3. 现行的单元教学计划不利于学生发展体育与健康学科核心素养

小学义务教育体育单元设置现状是每周 6 学时左右，学生没有学透、学扎实成为大家共同的认知。因此，依据不同运动项目的特点和教材特点，适当增加单元教学的时长，既是构建运动技能大单元实施结构化教学的需要，也是学生发展学科核心素养的需要。

（二）课题界定

大单元教学是加大学时，增加到每周 10 学时以上，放缓学生的学习速度，将相关技能的素质练习内容和相似的理论融合起来，让学生真正弄懂弄通运动技能的学习规律，学会学习的方法，能够触类旁通。

实施体育大单元结构化教学，释放“结构”价值，为学生加速运动技能掌握，发展体能，提高体育学习能力，发展体育学科核心素养开辟新途径。同时，也为体育学科的结构化教学积累实践经验，为实现学生的运动技能结构化学习，改变碎片化学习状况贡献有价值的操作经验。此外，由于共性研究与个性研究相结合，提升了本课题的可推广性，使体育教学回归健身育人的本质。

（三）研究目标

总结体育大单元结构化教学内涵，构建匹配学生认知的大单元结构，形成学科素养运动技能大单元结构内容，总结不同类型运动技能大单元结构化教学的差异，形成运动技能大单元结构化教学的整体设计与运行经验，即大单元结构目标、内容、过程、方法、评价融通。改变小学教育阶段运动技能单元教学碎片化状况，促进学生在运动技能大单元结构化教学中身心得到全面发展。

（四）研究内容

研究当前小学体育单元教学和模块教学中存在的问题；研究大单元结构目标、内容、方法和过程构建；研究不同类型大单元结构化教学之间的差异性；研究大单元结构化教学活动的设计与组织；研究大单元结构化教学的影响因素；研究学生学科素养评价。

为了保障对研究内容的准确把握和有效落实，要把握实验内容的核心要素。为此，应做到以下几点。

第一，对当前小学体育单元教学中存在问题的把握要全面。

第二，对大单元结构目标、内容、方法和过程构建的研究要精细。如何体现体育与健康学科的核心素养，目标的操作性怎样实现等；内容如何衔接整合、排列组合、逻辑线确立、关联性的体现等；教与学怎样体现“学为主、教为辅”，学以致用如何贯通，“教学练”三者的关系怎样处理等；学科核心素养怎样在“新三基”和“三维目标”的转化与深化过程中达成，体育与健康课程如何实现学科核心素养的可教可学，教与学的过程需把握哪些问题等。

第三，不同类型大单元结构化教学之间的差异性要明确。体育与健康课程内容是丰富的，多种多样的。建构学科课程内容体系实现“一体化”是国家的目标。体育与健康课程内容体系“一体化”，在大单元结构化教学的研究视域下，既要尊重课程内容的共性，也要尊重课程内容的个性。因为课程内容反映出的两种存在形态，是体育与健康课程内容体系客观存在的必然结果。

第四，大单元结构化教学活动的设计与组织要创新。

（五）研究情况

第一阶段（2017 年 5—8 月）：准备阶段，课题构思、申请立项、组织队伍、征求专家意见、收集资料。

第二阶段（2017 年 9—12 月）：继续收集资料，研究理论模型，构建评价指标；对实验教师进行理论指导和实验培训；共同进行结构内容适宜性分析及大单元结构内容的构建。

第三阶段（2018 年 1—8 月）：对学生身体素质现状进行测试；进入运动技能大单元结构化教学实验阶段，对实验过程进行全程跟踪、指导；对前测结果进行统计、分析；研究不同类型的运动技能大单元结构化教学之间的差异；形成阶段性成果，发表论文。

第四阶段（2018 年 9 月—2019 年 3 月）：继续进行运动技能大单元结构化教学实验；通过问卷调查、课堂观摩、访谈等形式，研究实验中出现的问题；研究运动技能大单元结构化教学活动的设计与组织；对实验结果实施后测。

第五阶段（2019 年 4 月—2020 年 9 月）：对实验获得的数据进行分析，形成结论；撰写课题结题报告。

（六）研究结论

两年多的实践和研究，虽时间不够充分，但也取得了一定收获：在水平段教学内容安排、水平段之间的衔接、教学实践中取得了一些效果，学生的参与积极性明显提高，在体能得到提升的同时运动技能也扎实了很多。

第一，小学各学段的教学任务更加明确。由于体育教学计划的不固定性，教师安排教学内容存在随意性，学生学习效果不理想。通过本课题研究，将小学重点学习内容进行结构化整合，在遵循小学生年龄阶段的认知能力的基础上，以小学三个教学阶段为出发点，进行阶梯形提升学习内容的大单元构建，便于教师开展体育教学，有助于教学质量的提升。

第二，通过大单元结构化设置，针对小学教学任务构建了数十个大单元教学设计，涵盖队列队形、跑、跳、投等多个教学内容，教师可以结合自身专业能力选取应用到课堂，并在实践中不断完善教学设计，最终形成大单元结构化教学设计集，在区域内进行推广。

第三，通过实践发现，学生在大单元学习时，参与性大大提升，学习劲头十足，对运动技能掌控得越来越熟练，在比赛中能结合现实情况娴熟地选择正确的技术动作。

第四，通过大单元中针对学生体育核心素养培养教学的实施，学生的运动能力、健康行为和体育品德三方面都得到了有效改善。教师对如何进行体育核心素养培养也有了更深层次的认识，教师利用大单元教学设计进行素养培养更加便捷有效。

三、参考文献

［1］中华人民共和国教育部．义务教育体育与健康课程标准：2011 年版［M］．北京：北京师范大学出版社，2012.

［2］中华人民共和国教育部．普通高中体育与健康课程标准：2017 年版［M］．北京：人民教育出版社，2018.

［3］邵伟德．体育课堂有效教学与例解［M］．北京：北京体育大学出版社，2012.

［4］于素梅．谈一体化背景下的体育课堂变革［J］．体育教学，2020（4）.

课题十二　小学数学分享式教学的实践研究

一、课题组成员信息

课题组成员信息（见表 12－1）。

表 12－1　课题组成员信息

课题主持人	姓名	单位	性别	现任职务	出生年月	学科
	刘培忠	天津市滨海新区大港栖凤小学	男	教务处主任	1977 年 5 月	数学

二、课题详细信息

（一）课题由来

当今的教育环境中，如“自主高效课堂”“先学后教”等教学模式五花八门，虽然有的模式在有的学校中已经被研究实践了多年，也取得了一定的效果，但是在众多方式中，到底哪一种更接近教育本质，现在还无法说清楚。

“分享式教学”是任景业老师提出的关注人的天性、关注人的思维方式的一种教学理念，是在教学中从问题出发，让学生思考、展示、交流，分享想法的一种教学方法。

我认为，“分享式教学”是基于自主学习的再思考，是基于已有的研究经验，探索适合小学数学教学的分享式课堂教学模式，力求实现符合学生的认知规律，尊重学生的实际，加强“四基四能”的落实，突出对学生核心素养的培养，提高学生学习数学的兴趣。通过“导学—展示—反馈—提升”的教学流程，培养学生的良好学习习惯，提高学生的学习能力及学业水平，使学生有效积累数学活动经验。

本人 2012 年在北京教育学院参加滨海新区“教坛能手”培训时有幸得到了任景业老师的悉心指导，并在此期间接触和了解了“分享式教学”。“分享式教学”目前涉及的地方有四川、辽宁、黑龙江、重庆、广东、甘肃、湖北、广西、北京、新疆、河南、台湾等，主要参与者有北京的任景业、辽宁的李明伟、台湾的何凤珠、辽宁的戴倪家、山东的刘勇、广东的孙明岩、山东的刘伟元、黑龙江的翟玉兰……

我参考了任景业老师的著作《走进孩子的课堂——研读课标的建议》《关注思维的细节——读懂孩子的建议》《分享孩子的智慧——改进教学的建议》；我还与一批来自全国各省市的骨干教师建立了 QQ 群及微信群，组成了一个网络研究团队。

作为课题的主要负责人，我参与过学校的“十二五”市级规划课题《“分享式教学”下合作学习模式的实践研究》，具有较强的组织能力，有较高的理论水平，有较强的实践能力，符合研究此项课题的能力要求。

小学数学分享式课堂教学的实践研究将助推学生乐于分享的天性，实现自主性、生动性、生成性的课堂特性。

（二）课题界定

1. 何为“分享式教学”

“分享式教学”就是关注人的天性、关注人的思维方式的一种教学理念。从实用的角度说，就是在教学中从问题出发，让学生思考、展示、交流，分享想法的一种教学方法。

2. 小学数学分享式教学有哪些特点

小学数学分享式教学的实施方式是“意识前移、人人参与、教师让座、参与无错”，也就是使学生在合作学习中实现组内交流学习结果、体会、启发、收获，在汇报学习阶段达到组与组之间资源共享，体现先学后教的一种教学方式。它是让学生在合作交流后，形成师生互动、生生互动的立体、交互的课堂教学结构。

它具有以下特点。

（1）注重体现“问题—思考—分享”的思维过程。从问题入手，引发学生思考，进而让学生分层次进行展示，把自己的想法分享给大家，最终对学习内容有新的认识，有更高层次的提升。“分享式教学”能促进学生的思维发展。

（2）注重体现学生学习的自主性和互助性。打造“学为中心”的课堂，以学生的自学为中心，倡导学生主动对知识内容进行探索，主动发现所学内容的核心，主动建构出知识体系，重点培养学生的探究能力和创造性思维，实现“兵教兵、兵练兵”的互助学习过程。

（3）注重实现民主、平等的对话过程。合作过程中要求学生人人参与，教师让座，争取让每个学生的思维成果和智慧火花为整个学习群体所共享，在课堂上实现平等会话和平等交流。

（4）注重体现学科课程的开放性、生成性、延续性。我们的课堂是开放的，学生主动倾听、大胆质疑、主动分享学习成果等的习惯，可以将课上问题延续到课外进行研究，真正做到学以致用。

（三）研究目标

第一，通过开展小学数学分享式教学的实践研究，我们要明确分享式教学是“先学后教，学教结合”的再思考，是一种即时分享智慧的课堂教学思想。有别于重点关注学科成绩的一般性的自主学习，分享式教学重点关注针对小学数学学科的教学框架及相关的理论基础。

第二，通过开展小学数学分享式教学的实践研究，可以确定顺应小学生天性的教育是非常必要的。小学数学课堂教学不只是“储备未来知识”的过程，更是把每节课都当作是一次“从学到用”的分享智慧的过程。每一节课、每个数学问题都能呈现出学生“问题－思考－分享”的思考单元。

第三，通过开展小学数学分享式教学的实践研究，能够积累自主学习、团队合作、展示分享等应用于未来社会各领域的实践经验，在分享智慧的过程中提高解决问题的能力，只把教材、知识当作孩子成长的媒介，不用自主学习的形式掩饰应试的目的，实现真正的全人的教育。

（四）研究内容

第一，以课例研究为基点，开展课型模式研究（包括新知学习课、练习巩固课、复习提升课等课型的研究）。

第二，依据不同的课型，开展不同年级小学数学分享式教学模式的研究（一、二年级，三、四年级，五年级分享式教学实践的基本操作流程）。

第三，开展整体构建小学数学分享式教学实践的体系研究。

第四，在实践中研究、丰富小学数学分享式教学实践的可行性依据及其具体应用研究。

（五）研究情况

1. 研究过程中运用的研究方法

（1）行动研究法。有计划、有步骤地一边实践一边思考，在反思中改进，将研究融入日常教学工作中，通过常态课堂与专题研究课堂，积累小学数学分享式教学的模式研究的第一手资料，在行动研究中解决遇到的每一个小问题。

（2）个案研究法。把每一节常态课作为个案，透过每节课的预设与反思，寻找一般的特点；通过对比等方法，认真进行案例分析，促进研究工作的有效推进。

（3）资料收集法。记录常态课的全部过程，通过图片、录音、视频等方式积累资料，并从中提取有价值的做法，为研究工作提供有效的佐证材料。

（4）教育调查法。借助访谈、问卷调查等方式，走进课堂，走近学生，倾听师生的看法，了解师生的需要，制订科学有效、针对性强的调查表和反馈单，多方了解分享式教学模式研究的成果。

2. 研究工作的总体安排及进度

（1）前期准备阶段（正确认识、初步实施、合理规划）。①制订了研究方案、规划和调查问卷；②细化课题研究，初定制订系列研究小课题；③举行了课题开题论证会，向校内实践教师及网络实践教师发出倡议，明确目标。

（2）实施研究阶段（细化实施、构建体系、形成特色）。①成立了各年级研究小组，针对不同课型制订相应的实施方案；②开展了不同年级分享式教学的实践研究主题活动；③开展了不同课型分享式教学的实践研究主题活动；④总结出阶段性成果。

（3）总结评估阶段（总结成果、形成体系、推广普及）。①总结了研究经验，整理了研究活动资料，初步形成了研究成果；②撰写了课题研究中期报告。

（六）研究结论

1. 完成内容、达成目标

探索适合小学数学教学的分享式课堂教学模式，力求实现从学生出发，尊重学情，符合学生的学习认知规律，较好地落实数学课程标准的三个维度目标，特别是基于“四基四能”的落实。

突出对小学生数学学习习惯的培养，注重培养学生的学习兴趣，通过“导学—展示—反馈—提升”的教学流程，最大限度地提升了学生的学习能力、学业水平，很好地积累了学生数学学习活动的基本经验，实现了操作程序简单、容易操作的特点。

通过研究，我发现小学数学分享式课堂教学的实践研究将助推学生乐于分享的天性，努力实现自主性、生动性、生成性的课堂特性。

2. 已经形成的基本观点

小学数学分享式教学的内涵与外延是丰富的，通过研究，发现分享要有合作任务的驱动，而合作任务的关键是学习任务。学习任务取决于教师对学习问题的预设，因为只有学生理解了才能有内容和他人分享。

（1）分享前要组建合作学习小组，培养自主学习能力。

①合理组建合作学习小组。组建合作学习小组要从学生的年龄特点和思维特点出发，组员在性别、个性特征、才能倾向、学习水平等方面存在合理的差异，教师要做到心中有数，要兼顾不同层次的学生，可以 4 ~ 6 人为一个小组，每组根据自己的目标命名，例如：友爱组、团结组、勤奋组、真诚组……每组自选组长、责任分工，轮流承担合作任务。

②培养学生的自主学习能力。合作前学生先自主完成学习内容，操作方法可分为以下几步：首先，每人一个学习记录单，先独立思考，把自己理解的内容填写在记录单上，在疑点处进行标注；然后小组内进行学习交流，各自说出自己的想法，如果有分歧，就在组内讨论，达成一致；接着按照一定的顺序进行组与组之间的交流，最后全班分享。

（2）分享中要高效完成合作学习内容。

①精心预设合作学习的问题。教学时教师要根据教学内容的特点，精心预设合作学习的问题。合作就是优劣互助，就是帮助“学困生”，教学目标要分层设计，不仅要考虑基础合作内容，还要有思维提升的内容。在学生发表个人的观点时，其他人要认真倾听，教师要给学生提供充裕的合作学习时间，并用一定的策略引导他们合作学习：对于思维活跃的学生要给予更多的自主学习机会，对于他们的挑战问题可多设计；对于思维稳定的学生则由扶到放，让他们有较多的巩固练习机会；后进学生则需要优先

面批、优先指导。

合作也不是一节课当中始终进行的，学生之间的交流有时胜过教师的讲解。课堂中的合作学习内容可以采取随时交流的方式，及时反馈与纠正，不要给课堂教学留下盲点，要真正做到优势互补，保证小组间公平竞争。

教师要深入小组中，了解学生合作的效果、讨论的焦点、认知的进程等，从而灵活地调整教学环节。如有的组已经达成了共识，有的组还争论不休，这个争论的出现说明他们对这个问题还有疑惑。教师可以选择有争议的小组，亲自体验、观察；然后让每个学生说说自己的想法，其他组的成员也可以一起参与交流教师要及时从学生的讨论中发现问题、解决问题，达到预期的合作目的。

②潜心研究合作学习的环节。合作学习有时可安排在导入环节，为导入新课内容设计一个铺垫，学生通过合作学习发现新问题；有时可安排在新授环节，学生通过合作学习感悟、理解、明辨新知；有时可以安排在练习环节，学生可运用新知去解决问题。从课堂生成的角度看，合作学习随时都可以进行，师生间、学生间出现的问题都可以运用合作学习来解决，合作时尽量回避那些与教学目标关系不大的问题，对合作学习还要有时间的界定。

③斟酌确定合作学习的形式。低、中、高年级在进行合作学习时各有不同侧重点。低年级要突出合作的意识体验与技能训练，可以采用“二人互查”的方式，让学生知道分享的意思，把自己的想法说给同桌听，同时学会倾听，或者两人一起说给全班听；中年级要注重合作流程的规范，主要采用“四人研究”的方式，大家围绕核心问题研讨；高年级则追求合作学习的成效，问题自己独立提，采取先独立探索，后组内交流分享的方式。

④恰当选择合作学习的课型。新授、练习、复习等课型都可以安排合作学习，可以依据学习内容的不同，提出不同的学习要求。

⑤钻研确定合作学习的内容。合作时机要根据学情来定，凡是适合学生的、能激发学生兴趣的、能解决学生疑点困惑的问题都可以进行合作，

不适合合作的内容就让教师去主导，并不是所有的课堂都要让位给学生。关于合作学习的时机，我们还有待进一步研究。

（3）分享后要适时点拨和评价。学生全班交流展示时，应先由一个小组来介绍，其他的小组适时给予评价和补充，组与组之间要分享学习成果，一起体验学习的乐趣。

3. 研究成果的概括性叙述

小学数学分享式教学模式体现的是以教师为主导、以学生为主体的师生互动的参与式课堂活动形式，倡导学生充分参与课堂活动，充分思考、充分表达，唤起每一名学生的表达欲望，产生思维碰撞和共鸣，让师生在和谐的具有浓郁研究氛围的环境中快乐成长。

（1）使学生的“学”成为课堂上的主体活动。学生通过自主探究、合作交流、反馈提升等一系列的研究活动，产生主动探索新知的欲望，让主动思考、有序交流成为课堂活动的习惯。学生能够在最近发展区内获得成长与发展，同时获得成功的体验，进而获取新的知识认知，建构新的知识结构，形成新的知识体系。

（2）让教师的“教”成为课堂上的辅助活动。学生的“学”是在教师的科学引导下完成的。倡导学生的“学”是课堂上的主体活动，并不意味着就可以忽略教师的“教”。教师的“教”是引、是导、是提升与运用，失去教师的“教”的课堂会失去课堂的“灵魂”，教师的“教”能够为学生的“学”明确方向。

（3）小学数学分享式教学模式结构（见图 12－1）。

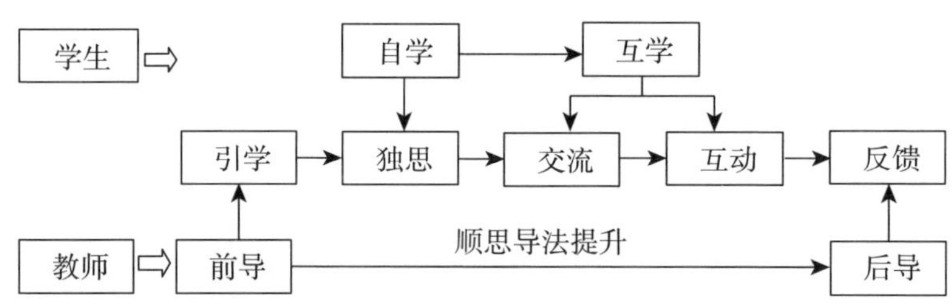

图 12－1 小学数学分享式教学模式结构

4. 主要研究成果

第一，研究过程中我还参与了王德鹏申请的天津市教育科学规划重点课题——“‘双导互动’教学模式的探索与研究”，我们基于“互动”的核心理念，从合作学习的角度切入，对小组合作的具体实施策略、倾听策略和对话的开展策略、生生互动的层次汇报以及生本课堂的构建策略等方面进行了深入的研究。

第二，我还参与了专著《双导互动课堂模式的探索与实践》的编写，将我校的“分享式教学”下的合作学习模式研究经验发表于专著当中。此外，还有2篇研究报告、11篇论文、1篇案例发表于课题“‘双导互动’教学模式的探索与研究”的方案简讯、论文集、案例集和研究成果当中。

第三，我的论文《合作学习应注意的几个问题》在《天津教研》上发表；有5篇文章在《新课程·名师说课·小学数学》上发表。

第四，有9篇相关研究论文获市区级奖励。

三、参考文献

［1］任景业．走进孩子的课堂——研读课标的建议［M］．长春：东北师范大学出版社，2014.

［2］任景业．关注思维的细节——读懂孩子的建议［M］．长春：东北师范大学出版社，2014.

［3］任景业．分享孩子的智慧——改进教学的建议［M］．长春：东北师范大学出版社，2014.

［4］朱永新．新教育之梦：我的教育理想［M］．北京：人民教育出版社，2004.

［5］刘旭．新课程理念下的课堂教学——听课说课上课［M］．成都：四川教育出版社，2005.

［6］陈旭远．新课程推进中的问题与反思［M］．北京：首都师范大

学出版社，2004.

［7］刘培忠．合作学习应注意的几个问题［J］．天津教研，2014（2）．

［8］刘培忠．小数的产生和意义［J］．新课程·名师说课·小学数学，2014（3）．

［9］刘培忠．方程的意义［J］．新课程·名师说课·小学数学，2014（10）．

［10］王凤英．有关课堂交流有效性的几点思考［J］．小学数学教育，2011（3）．

［11］刘保新．读懂教材，读懂学生，为学生的发展而设计［J］．小学教学参考，2011（20）．

［12］杨东平，创造力可以培养吗［J］．生活教育，2014（23）．

［13］黄蔚．个性化学习，有品质均衡　天津市教育信息化发展纪实［N］．中国教育报，2015-05-19.

［14］中华人民共和国教育部．小学数学新课程标准［M］．2011年版，北京：北京师范大学出版社，2012.

课题十三　小学学版画校本课程的开发与研究

一、课题组成员信息及分工情况

（一）课题组成员信息（见表 13－1）

表 13－1　　**课题组成员信息**

<table>
<tr><td rowspan="2">课题主持人</td><td>姓名</td><td colspan="2">单位</td><td>性别</td><td>现任职务</td><td>出生年月</td><td>学科</td></tr>
<tr><td>赵娜</td><td colspan="2">天津市滨海新区塘沽馨桥园小学</td><td>女</td><td>教学主任</td><td>1982 年 8 月</td><td>语文</td></tr>
<tr><td rowspan="6">课题组主要成员</td><td>姓名</td><td>学科</td><td>学段</td><td>职务</td><td colspan="3">单位</td></tr>
<tr><td>任延焕</td><td>语文</td><td>小学</td><td>德育主任</td><td colspan="3">天津市滨海新区塘沽中心庄小学</td></tr>
<tr><td>王曼怡</td><td>美术</td><td>初中</td><td>教师</td><td colspan="3">天津市滨海新区塘沽新港中学</td></tr>
<tr><td>马桂英</td><td>美术</td><td>初中</td><td>教师</td><td colspan="3">天津市滨海新区大港第四中学</td></tr>
<tr><td>孙磊</td><td>美术</td><td>小学</td><td>教师</td><td colspan="3">天津市滨海新区塘沽贻成小学</td></tr>
<tr><td>张玉新</td><td>美术</td><td>小学</td><td>教师</td><td colspan="3">天津市滨海新区塘沽浙江路小学</td></tr>
</table>

（二）课题组成员分工情况

赵娜：负责课题研究报告、结题报告等材料的撰写。

任延焕、王曼怡、马桂英、张玉新、孙磊：负责过程性材料的整理。

二、课题详细信息

（一）课题由来

很多国家都根据本国的实际情况，在中小学及幼儿园开设了版画课。如苏联、德国、美国、日本等。我国于 20 世纪 80 年代初成立了中国少年儿童版画学会，各地相继成立了儿童版画活动组织。国家教委自 1990 年起在全日制中小学美术教学大纲中增设了版画课。然而，受教学条件等客观原因的限制或受观念等主观原因的影响，版画教学往往处于被忽视的境地，尤其是广大农村学校，忽视问题更为普遍。本课题利用了乡土资源——版画，将社会资源、学校资源与美术教学相融合，拓展了国家课程内容，充分利用这些资源提升学生的人文素养，培养学生的创新精神和实践能力，激发学生爱家乡、爱祖国、爱生活的情感，丰富学生的学习生活。在版画的制作过程中，充分尊重学生的个性差异，体现学生的主体性，张扬学生的个性。在各种版画的认识与创作过程中，让学生感受各种版画的艺术魅力，提高学生的审美情趣，培育一批热爱版画艺术的好苗子，促使其快速成长，使版画这一优秀的民族文化后继有人，使这枝艺术之花越开越旺。

（二）课题界定

版画是造型艺术之一，是作者在各种不同材料的版面上通过手工制版印刷而成的一种绘画。版画还可有限制地复印出多份不影响其艺术价值的原作。版画作为一门学科，在小学有了固定的课时，有了自编教材，成为校本课程。版画校本课程在小学已经有了一席之地，版画课程以《美术课程标准》的基本理念为导向，通过开放的课堂融入教学中，提升学生的整体素质，并不断扩展实验学生范围，推广先进经验，进行深入而广泛的研究。

（三）研究目标

第一，探讨版画课程对小学生的教育价值。

第二，探讨版画课程在小学深化推广的途径与方法。

第三，确立版画的课程体系，促进区域性版画课程品牌的形成。

（四）研究内容

第一，探讨研究版画课程对小学生的教育价值。

第二，编写校本教材及教学纲要。

第三，探讨研究版画课程在小学深化推广的途径与方法。

第四，确立版画课程的研究体系。

第五，促进区域性版画课程品牌的形成的研究。

（五）研究情况

1. 师生版画水平得到提高

我们在课题研究过程中，不断探索课题研究的途径与方法，版画特色不断凸显，形成了浓郁的文化氛围，提升了学校的整体形象。学生在课题研究过程中，动手动脑，兴趣浓厚，培养了创新精神与审美能力。课题教师不断总结，不断创新，专业水平不断提升。

2. 所有年级开设版画校本课

我们将校本教材引进校本课程，由学校美术老师在四年级进行了实验，根据课程内容引导学生进行绘画、制作等活动。我们又专门召开了课题组会议，研究在所有年级开设版画课的问题，已经达成共识。

3. 积极做好版画社团活动

我们积极做好版画社团活动，培养好苗子，参加市区级比赛，现在已经有了不少收获。我们受邀参加在北京举行的全国藏书票比赛颁奖活动，课题组教师有作品被评为全国一等奖，学生获奖也很丰厚。课题有序开展。

迄今为止，课题组老师参加或组织的活动有：学校版画冬令营、夏令营，市、区及全国的藏书票比赛，新中国成立 60 周年书画展，少儿书画比赛等。

（六）研究结论

1. 提升了学生的审美意识和欣赏能力

版画教学，能使学生熟悉和掌握版画制作的基本技能和技巧。教师积极引导学生以审美的眼光观察和感受周围环境，获得了审美的体验；引导学生探究滨海乡土特色，从中发现并创作美。浏览我校学生的版画可以发现，生活气息浓厚，童趣盎然。同时，通过欣赏和创作版画作品，学生的审美意识得到了强化，审美品味得到了提升。

2. 学生养成了良好的习惯

通过制作版画，学生的计划性、条理性得到了提高。在制作版画的后期，许多作品需要合作才能完成，这也锻炼了学生的合作协调能力。版画的制作过程复杂，需要较长时间，必须有足够的耐心，需要自始至终仔细完成，否则就会前功尽弃，所以也使学生养成了坚持的好习惯。

3. 版画成为学校特色品牌

多年来，学校师生先后在全国中小学第八届版画藏书票比赛、全国各地工业版画研究院第一回年展、“大美天津”版画作品大赛、滨海新区首届少儿书画大赛、塘沽中小学版画藏书票比赛、塘沽“丹青墨韵、花影绘色——科技引领未来，科技改变生活”书画和摄影大赛等各类竞赛活动中获奖，取得了优异的成绩。学校荣获区域性中小学特色课程研发与推广的实验研究课题实验校、天津师范大学书画研究院实习基地、全国少儿版画教育基地等各项荣誉，《天津日报》《今晚报》《每日新报》《滨海时报》等媒体曾多次对学校版画特色活动进行了专题报道。2013 年 1 月学校举办的首届版画冬令营和 2013 年 7 月举办的版画夏令营，均被滨海电视台

《小试身手》栏目制成专题片播放，收到了非常好的教育与宣传效果。

三、参考文献

中华人民共和国教育部．美术课程标准：2011 年版［M］．北京：北京师范大学出版社，2017.

课题十四　小学语文课堂“以文带文”课的实效性

一、课题组成员信息及分工情况

（一）课题组成员信息（见表14－1）

表14－1　　课题组成员信息

<table>
<tr><td rowspan="2">课题主持人</td><td>姓名</td><td colspan="2">单位</td><td>性别</td><td>现任职务</td><td>出生年月</td><td>学科</td></tr>
<tr><td>刘艳霞</td><td colspan="2">天津市滨海新区大港实验小学</td><td>女</td><td>年级组长</td><td>1972年10月</td><td>语文</td></tr>
<tr><td rowspan="4">课题组主要成员</td><td>姓名</td><td>学科</td><td>年级</td><td>职务</td><td colspan="3">单位</td></tr>
<tr><td>蒋子悦</td><td>语文</td><td>五年级</td><td>教师</td><td colspan="3">天津市滨海新区大港实验小学</td></tr>
<tr><td>张娟</td><td>语文</td><td>五年级</td><td>教师</td><td colspan="3">天津市滨海新区大港实验小学</td></tr>
<tr><td>刘艳杰</td><td>语文</td><td>五年级</td><td>教师</td><td colspan="3">天津市滨海新区大港实验小学</td></tr>
</table>

（二）课题组成员分工情况

刘艳霞：课题负责人，高级教师，大港实验小学五年级教师，年级组长，教研组长。负责课题的总设计，主持课题研修，制订计划、方案，撰写开题、中期和结题报告。

蒋子悦：负责课堂实践，提出课题实施过程中的经验或困惑，撰写总结和论文。

张娟：负责课堂实践，负责记录、总结研究过程中的经验或困惑，撰写总结和论文。

刘艳杰：负责课堂实践，提出课题实施过程中的经验或困惑，撰写总结和论文。

二、课题详细信息

（一）课题由来

近年来，我们一直尝试研究“主题阅读”，因为阅读有利于教师的发展、学生的成长，甚至民族的兴旺。因此，在大语文教育思想的引导下，我们在语文课堂教学中积极开展阅读教学，积极拓展课外阅读。现在，“以文带文”式的阅读教学模式在课堂上应用得越来越广。精读文章有其自身的语言和写作特点，有了精读文章的引领，学生的阅读量大了，教师的教学密度高了，学生的学习速度也快了。熟练运用这种教学模式，教师的教学效率就会得到相应的提高。作为教师，对教学内容要学会优化整合，取其精华，放飞思想。

（二）课题界定

主题阅读教学有七大课型，其中“以文带文”是核心课型，它注重对教材的重新整合和对时间的重新分配，会对重难点进行处理。课题的研究，可以使阅读的价值得到提升，教师的文本整合能力得到提高，学生的阅读广度得到增大，培养学生的阅读思维、探究意识。教师抓住精读课文，就是抓住了一根主线，所带的文章就是主线的分支，可以提高阅读的质和量。可以说，以文带文课型非常实用，主题阅读卓有成效。

（三）研究目标

第一，以课文提供的精读文章为引领，引出另外一篇或多篇文章，拓宽、延伸、补充语文学科教育资源，扩大学生阅读的视野及数量，提高学生阅读的质量和能力。

第二，把握主题阅读的内涵所在，实现阅读的价值提升，培养综合性强、素质高的语文人才。

（四）研究内容

第一，依据阅读方法训练点，拓展类似文章，以一篇文章引出另一篇文章或多篇文章。

第二，把所教的内容和所带的文章进行优化整合，实现大语文观。

第三，运用比较阅读文式，抓住写作特点，实现得法迁移。

（五）研究情况

1. 坚持理论学习

以文带文这种阅读教学模式是有理论可依的。目前教育部门提倡大阅读理念，以文带文可以让学生学会多种阅读方法，并且具备独立阅读的思维和能力；还可以让学生充分地阅读，整体感知，培养语感，熏陶情感。作为教师，要不断阅读有关大语文理念的书籍，用全新的理念支持教学，并向他人积极请教，使教学更具科学性和实践性。

2. 加强集体研究

在课题研究中，我们经常进行集体研究活动，在一起根据本课题的研究方法，确定实施策略，通过集体研讨来提高质量。我们根据文本中提供的素材，按单元或按课时把任务分配到每个人身上，先分头准备，定好实施计划，再进行集体研讨，提出卓有成效的见解。我们力求做到统一研究方法、统一教学策略。在日常教学中遇到问题后要经常集体研讨，从而提高教师的课堂教学水平。这样，我们做到了在研究中找方法，在探索中提高效率，在效果中获取经验，真正做到以扎实的教研推动课堂教学质量的提高。

3. 注重选文研究，实现得法迁移

（1）依据阅读方法训练点选文，实现得法迁移。每一篇文章都有自己的训练点，抓住这一训练点，就可以举一反三，有效地进行以文带文阅读。如《狼牙山五壮士》片段，详细描写了战士们的动作，可迁移《飞夺泸定桥》。《草原》一课的训练点是抓住文章主要内容，了解大自然中的草原之美，草原人民的热情好客精神，课外拓展同样写内蒙古草原风光的文章《锡林郭勒大草原》。

（2）运用比较阅读选文，实现得法迁移。比较阅读也是一种很好的以文带文方式。《盘古开天地》是学生喜爱的故事，是一篇神话，非常引人入胜。为了更好地激发学生阅读的兴趣，可以出示古文进行对照阅读，让学生明白语言还可以这么简练。《晏子使楚》讲了晏子和楚王斗智的三个回合，步步深入，牵动人心。在三个回合中，老师可以用不同方式的文章进行带文，如可以带小古文，可以带课本剧，也可以引入四字词语。这样的带文，可以有效地拓展知识面，让学生感受语言的不同魅力。

（3）根据写作特点选文，实现得法迁移。一篇文章，往往既是阅读的素材，也是写作的模板。抓住文章的写作特点，就可以选择用类似方法写作的文章进行带文。《麦哨》一课重点体现了将写实与联想融合的写作方法，可以引入《拾穗》，让学生继续领悟这种方法。如《小嘎子和胖墩儿比赛摔跤》一课，小嘎子的人物形象鲜活而可爱，学生在充分感受的同时，学习如何描写人物，之后迁移《勇毙东霸天》，从中也能学到抓住人物动作、神态进行描写的方法。

（4）围绕情感主题选文，实现得法迁移。万变不离其宗，一篇文章的情感是它的主线。有的文章就可以围绕情感主题带文，进一步升华读者的情感。如课文《落花生》，典型的借物寓理，大部分叙事，最后几个自然段父亲的话发人深省，升华文章主题。围绕情感主题，我们可以选择《丑石》作为拓展，同样的寓意，同样的叙述方法，让学生在熟悉的风格中形成永久的记忆。这种带文无疑是有效的。

（5）抓住不同的点带文，实现得法迁移。这种方法就是同时抓住几个点进行探究，正所谓“分开腿，两步走”。如《跨越海峡的生命桥》，抓住两个“静静地”，一个是杭州的青年静静地等待骨髓救他的命，一个是台湾青年在地震的紧迫情况下，安静地配合李博士抽取骨髓，共同唱响了一曲血脉亲情之歌，可以说震撼人心。随后，老师带入文章《桥之思》，将现实中有形的桥升华到“心之桥”，明确“生命桥”原来就是爱心的传递。

4. 实践探讨阶段

经过一系列课堂实践，我们从中发现了很多成功的地方，同时也发现了很多不足，我们会再进行交流研讨，提出更加实用的以文带文的教学方式，然后再回到课堂继续实践。总之，我们始终以课堂为主阵地，精心研究以文带文的教学模式，不断地修改，在实践中形成及时反思总结的习惯，并提高自身的教学能力。

（六）研究结论

1. 结论与效果

（1）教师发生了可喜的变化。通过研究和实践，教师把握教材、运用教材的能力得到了很大提高，明白了课题研究是为了什么，可以采取哪些教学手段和方法进行实践；学会了如何整合教材，把课内和课外进行有机结合，正确分析、灵活驾驭，践行大语文教学观。努力达到了这几个要求：满足学生的学习需求和选择；尊重学生的学习个性和差异；在研究过程中丰富自己的知识储备和拓展自己的教学视野。

（2）教学特色得到了展示。以读为本是语文的教学特色。只有充分地读，学生的语文素养才会越来越高，心中积累才会越来越多，琅琅书声才会充斥整个课堂，这就是语文味。我们引导学生利用文本，充分感悟，再走出文本，实现课堂教学的一体化和综合化。语文特色独树一帜，主题阅读丰富多彩。

（3）学生得到了发展。我们的学生变了，哪些方面变了呢？阅读的数量增加了，阅读的能力提高了，良好阅读习惯形成了，自信心增强了，实现了“以文带文，博融阅读”。据研究目标和教学目标的具体要求，我们对本校学生在实验前后的阅读能力、写作能力等情况进行了测试，发现学生的总体水平比以前有所提高。

2. 几点思考

（1）“以文带文”一般是一篇文章链接另一篇文章，将方法沿袭，但实际操作中往往学生的阅读量不够和教师的训练不到位，还需要继续探究阅读教学法。

（2）平时的训练中，方法指导比较零散，没有集中总结规整，这不利于学生整理消化，形成更加系统的知识框架。这一点还要整改提升。

（3）方法有了，训练的强度和力度一定要跟进，因为方法的迁移需要用充分的实践来夯实和加固，练习要更有针对性。

（4）最后，教师的阅读能力有待提高，这样才能在补充文本、挖掘文本、选文方面更好地发挥作用。

三、参考文献

刘宪华．让每一位儿童都成为读者［M］．开封：河南大学出版社，2014.

课题十五　雷夫“莎剧”社团排演模式在小学英语戏剧社团中的应用研究

一、课题组成员信息

课题组成员信息（见表15－1）。

表15－1　课题组成员信息

	姓名	单位	性别	现任职务	出生年月	学科
课题主持人	张欣	天津市滨海新区汉沽中心小学	女	教务处副主任	1974年6月	英语

二、课题详细信息

（一）课题由来

天津市教育教学研究室小学英语学科于2017年开始进行小学英语课本剧的实践研究，并且每年举办一次全市范围内的小学生英语课本剧大赛。

小学生参与英语戏剧社团有以下两方面意义。

戏剧是最平易近人的艺术之一。戏剧的普适性特点使其适合各个年龄段的学生。戏剧教育表现出的沉浸式的特点使其成为培养儿童形成完整人格的重要途径。

游戏是儿童喜爱的活动和主要学习方式。儿童戏剧以“游戏”为“骨骼”，汇聚儿童的思维、情感，透过戏剧的手法，架构一个个微型社会，从而提升儿童的表达能力和社交能力。

目前学校开展英语戏剧社团的现状是：小学生热爱戏剧表演，但因国家规定课程设置、师资等原因，学校缺乏固定的戏剧课程设置，学生无法实现全员参与英文戏剧的学习与表演。英语社团活动时缺少适合小学生现有英语水平的、生动有趣的剧本。现有社团教师均为本校英语教师，缺乏英语戏剧排演的经验，教师对于学生声、台、行、表等方面的指导不到位。

基于以上原因，我们提出了本课题，其目的是通过本课题的研究，找到适合小学生英文戏剧排演的模式，力争绝大多数学生能够参与英文戏剧的编、排、演、观、评。充分利用孩子们喜欢的英文名篇名著、戏剧剧本，创设轻松的英语学习氛围，培养学生对英语语言的语感，提高听说能力，增强对单词和语句的理解，扩大小学生英语词汇量，同时通过英语戏剧社团的活动，使学生在编、排、演、观、评的过程中磨砺意志、陶冶情操、拓宽视野、发展个性、提高人文素养。通过实践、总结、梳理，形成适合我校小学生英语戏剧社团的排演模式。

（二）课题界定

雷夫·艾斯奎斯于 1981 年毕业于加州大学洛杉矶分校，是美国一位非常有趣、非常有影响力的教师，《第 56 号教室的奇迹》的作者，是美国洛杉矶市霍伯特小学的教师。雷夫从教 20 多年，曾获美国总统国家艺术奖、全美最佳教师奖，并获英国女王颁发的不列颠帝国勋章（M. B. E）等。雷夫老师一直在霍伯特小学任教，该校虽然是美国第二大小学，但 90% 的学生家庭贫困，而且多来自移民家庭。可是，就是在这样的教学环境下，雷夫依然创造了轰动全美的教育奇迹。每年，雷夫所教班级的学生都会制作并演出一出完整的莎士比亚戏剧。在每一年的编、排、演的过程中，雷夫逐渐形成了适合自己学生的莎士比亚戏剧的排演模式。

模式简图如图 15－1 所示。

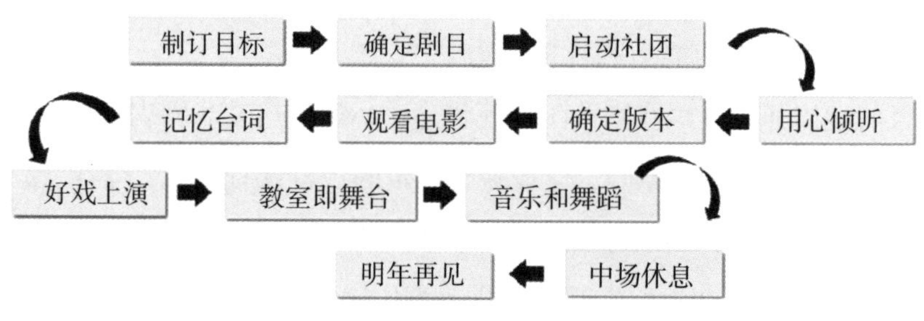

图 15－1　莎士比亚戏剧排练过程

（三）研究目标

在整理、归纳、总结雷夫莎士比亚戏剧社团的排演模式的基础上，对其加以改进，运用到我校小学生英语戏剧社团，并总结出适合我校小学生英语戏剧社团的排演模式。

（四）研究内容

第一，调研学生、家长、教师对戏剧课程的理解和接受度。

第二，研究、整理、归纳雷夫莎士比亚戏剧社团的排演模式。

第三，探索出具体可用的雷夫莎士比亚戏剧社团排演的应用模式。

（五）研究情况

1. 准备阶段（2017 年 7—10 月）

（1）进行课题初期的研究调查。通过调查问卷（见图 15－2）、与学生交谈，真实、具体地了解所研究的课题背景和基础，为课题研究提供了翔实的第一手材料，并初步把握课题的研究方向，从而让课题朝着预期设计的方向进行。

同学你好：

感谢你积极参与本次调查问卷活动。请仔细阅读每个题目，根据自己的真实情况认真作答。谢谢合作！

1. 目前英语课上的教学活动能吸引你吗？

A. 能　　B. 有时能　　C. 不能

2. 你最喜欢英语课上的哪些教学活动形式？

A. 朗读课文　　B. 角色扮演　　C. 英语歌曲、歌谣

D. 趣味故事阅读　　E. 比赛　　F. 课本短剧

3. 将短剧、角色扮演、故事等活动贯穿于英语课堂教学中，你感到课堂气氛

A. 有所提升，很活跃　　B. 一般　　C. 不好，特别沉闷

4. 你认为学校开展的课本剧社团对你的英语学习帮助大吗？

A. 很有帮助　　B. 比较有帮助　　C. 帮助很少　　D. 没有帮助

5. 你以前（一至四年级）参与过课本剧的演出吗？

A. 参与过　　B. 很少参与　　C. 没有参与过

6. 你或你的同学以前（一至四年级）参与英语课本剧社团的方式是

A. 自愿报名进入社团　　B. 想参加，并且被老师选入社团

C. 不想参加，但是被老师选入社团　　D. 想参加，但没被选入社团

7. 你的父母对于你参加课本剧社团的态度是（请咨询父母后选择）

A. 非常支持　　B. 参不参加无所谓　　C. 浪费时间，不能参加

8. 你的父母认为你参加课本剧社团对你的英语学习（请咨询父母后选择）

A. 调动了学习的积极性，非常有帮助　　B. 帮助不太大　　C. 一点帮助都没有

图 15－2　小学英语戏剧课程提高学生英语学习兴趣的调查问卷

2017 年秋季开学初，笔者在所教的两个班级通过乐教乐学平台发布了《小学英语戏剧课程提高学生英语学习兴趣的调查问卷》，参与问卷调查的学生为 73 人，调查问卷的统计结果如表 15－2 所示。

表 15－2　调查问卷统计结果

题目序号	A	B	C	D	E	F
1	65	8	0	—	—	—
2	11	30	8	9	6	9

续 表

题目序号	A	B	C	D	E	F
3	71	2	0	—	—	—
4	56	16	0	1	—	—
5	16	3	54	—	—	—
6	38	13	0	22	—	—
7	70	2	1	—	—	—
8	70	3	0	—	—	—

通过问卷调查得出，95%以上的家长对孩子参与课本剧社团持支持态度，95%以上的家长认为英语课本剧社团对孩子的英语学习有帮助。从调查问卷中我们可以知道，以往的英语社团招募成员时学生自愿参与的积极性很高，但并不是所有人都有机会参加。

（2）学习相关课题理论，重新回顾课题研究的相关流程，转变思想，提高认识；确定研究目标、研究内容，制订详细、可操作的实施方案，撰写开题报告。

（3）通过上网、学习专著、阅读教育教学类刊物等方式，学习有关戏剧的教育教学理论，写好教育随笔，积累教育智慧，用以指导社团排演。并撰写了3篇教育随笔：《让学生体验学习语言的力量和团队合作的乐趣》《听懂不等于会用》《小学英语戏剧教育的现状与问题》。

通过学习，努力从理论层面上引导教师对实验课题产生背景、科学依据、教育思想、实践价值进行全面把握，实现教育思想、教育观念的转变。

2. 落实阶段（2017年10月—2018年3月）

（1）雷夫“莎剧”社团排演模式的研究。学习、梳理、研究雷夫“莎剧”社团的排演模式。通过阅读雷夫《第56号教室的奇迹》，对雷夫“莎剧”社团的排演模式总结如表15－3所示。

表 15-3 雷夫“莎剧”社团排演模式

步骤	师生活动	目的	备注
制订目标	师生：教师带领学生探索剧中的主题，共同分析、研究、拆解、建构一出戏剧	通过莎士比亚戏剧的排演，引导学生感受语言的力量和体验团队合作的乐趣。通过参与活动逐步改变学生看待自我及世界的角度	可以尝试
确定剧目	教师：实际演出前的一至两年选择一部莎士比亚作品	有较长的准备时间便于教师有足够的时间仔细研究剧本和规划彩排	可以尝试
启动社团	教师：①第一次社团活动前为每一个学生复印选定剧目的摘要；② 带领学生阅读摘要 学生：与教师一起阅读剧本摘要	学生通过阅读摘要，了解该年度将要演出的故事与剧中的角色，了解选定剧目的主题，确定未来师生共同努力的目标	可以尝试
用心倾听	教师：播放选定剧目的 CD，在特定的段落暂停，加以说明 学生：反复倾听，理解每一场戏中的每一句台词	通过聆听专业演员说台词，使学生加深对所选剧目的理解	可以尝试
确定版本	教师：选择剧目的版本（原因：每一场戏的开头都有摘要，提醒学生即将发生的剧情；随页附有详细的注解，方便学生理解文字含义） 学生：阅读剧本，“克服语言障碍，尝试发现莎翁字里行间的种种力量”①	“研究原文的做法提高了学生们开始念台词时就能迅速掌握莎剧律动的可能性”②	可以尝试
观看电影	教师：提前收集所选剧目的电影版，带领学生每读完一场戏后，播放相应的电影片段 学生：观看影片，观察演员如何诠释剧中的角色	把抽象的剧本台词转变为形象直观的画面，帮助学生理解剧本内容，学习如何通过表演诠释剧中角色	可以尝试

①② 雷夫·艾斯奎斯. 第 56 号教室的奇迹［M］. 卞娜娜，译. 北京：中国城市出版社，2009.

续 表

步骤	师生活动	目的	备注
记忆台词	教师：①带领学生一起阅读每一个单词；②“在聆听戏剧的过程中不时暂停，为学生解析其中的词语”①；③为学生转录每场戏的音频，便于学生回家后反复倾听；④带领学生玩与“莎剧”相关的游戏（阅读剧本的时间约16小时——每周四次、每次1小时，大约持续一个月的时间）	在反复阅读和倾听的过程中，以记忆流行音乐歌词的方式记忆莎士比亚悦耳动听的美丽语言	可以尝试
	学生：课上反复阅读，听老师的解析，课后反复听音频		
好戏上演	教师：指导学生根据个人意愿选择角色或与演出相关的工作（如乐团成员、幕后技术人员）	通过自主选择，每一个孩子找到适合自己的角色或工作。通过试演，找到每个角色最适合的演员	可以尝试
	学生：①选择自己愿意尝试的角色或工作；②试演		
教室即舞台	师生：把教室布置成舞台，先用不同颜色的T恤衫取代戏服，没有布景	不用布景和戏服节省了大量的时间和金钱。确保整出戏的精彩在于莎士比亚隽永的文字。在教室里演出更贴近莎士比亚当年的做法	可以尝试
音乐和舞蹈	师生：在演出的过程中保留“莎剧”原作的台词，增加一些与剧中情境相符的摇滚歌曲和舞蹈	用歌曲和舞蹈强化剧中的场景效果。学生在念着台词、唱着歌曲、跳着舞蹈的同时学到了更多的知识	可以尝试
中场休息	学生：在每次3小时的演出中，利用中场休息的时间为观众送上点心和饮料，演出后全体演职人员一起打扫卫生	教师充分利用每一个教育时机帮助学生养成良好的习惯。教育无小事	可以尝试

① 雷夫·艾斯奎斯．第56号教室的奇迹［M］．卞娜娜，译．北京：中国城市出版社，2009.

续　表

步骤	师生活动	目的	备注
明年再见	学生：演出结束后宣布第二年社团将要排演的剧目	“工作、娱乐、追求卓越”——永不止息的循环	可以尝试

（2）雷夫“莎剧”社团排演模式的应用研究。把整理好的排演模式尝试运用到日常社团活动中，并记录效果，便于模式的日后调整。

（3）分析英语戏剧表演对小学生英语学习及情感态度的影响。通过观察、调查、访谈等方法了解英语戏剧表演对学生英语学习及情感态度产生的影响。通过学生撰写的戏剧排演日记和学生日常成绩记录单我们可以发现，参与英语戏剧社团后，学生英语学习的兴趣和成绩均有所提高；部分学生更加乐于开口表达，体会到了表演带来的乐趣（我们没有服装，一切全凭我们的戏。我们全身心地投入到了戏里，尽管我最后并没有上场，而是在场边上唱歌谣，但我也在认真注视着每个演员的一举一动，我相信我也会有上场的那一天，虽然不是这一次，但这次小剧之前的排练，已经让我那腼腆的心打开了。我一直坚信，我们会演得更好，更好！——张敬涵）；学生集体荣誉感逐步形成（当我第一次排演英语戏剧的时候，我就已经后悔了，因为这里面有好多我不认识的英语单词，刚开始练的时候，我甚至想直接放弃。可是我想既然已经来了，那就练吧！虽然到了最后的演出时，我还是退出了。因为我从小英语就不好。没过几天就忘记了。我怕我一时忘词而耽误我们的整个演出，或者因动作不好而被扣分。但是我在练习的过程中是很满意的，因为我没有一开始就放弃，而是勇敢地面对它们！——林嘉毅）；学生在英语戏剧的演练过程中更加重过程、轻结果。

3. 反馈调整阶段（2018 年 3—4 月）

探索出具体可用的雷夫“莎剧”社团排演的应用模式，形成模式文本材料（见表 15－4）。

表 15－4　　雷夫“莎剧”在我校英语戏剧社团的应用模式

步骤	师生活动	目的	备注
制订目标	师生：共同阅读《轻松英语名作欣赏》，学生投票选择本年度排演的剧目	选择本年度计划排演的剧目。通过英文戏剧的排演，引导学生体会语言的力量和体验团队合作的乐趣。通过参与活动逐步改变学生看待自我及世界的角度	所选范围多为学生耳熟能详的故事
启动社团	教师：①指导学生根据自己选定的剧目自由结合成小组；②为每一位学生复印不同剧目的剧本；③建立不同剧目的微信群，并上传音频材料；④带领学生阅读剧本	①学生通过自主选择要参演的剧目，并通过加入专门的微信群分享剧目相关资源； ②学生通过阅读剧本，了解本年度将要演出的故事与剧中的角色，了解选定剧目的主题，确定未来一年师生共同努力的目标	无
	学生：①选定本年度自己想要参演的剧目；②加入选定剧目的微信群，下载剧本音频；③与教师一起阅读剧本		
用心倾听	教师：播放选定剧目的音频，在特定的段落暂停，加以说明	学生通过聆听专业人员说台词，加深对所选剧目的理解。通过反复倾听，模仿音频中的语音语调，培养良好的英语语感	学生在开口朗读之前确保把音频听熟
	学生：反复倾听，理解每一场戏中的每一句台词		
观看电影	教师：为学生推荐相应剧目的电影版，供学生观看	把抽象的剧本台词转变为形象直观的画面，帮助学生理解剧本内容，学习如何通过表演诠释剧中角色。所选剧目多为片段，通过观看电影，让学生了解完整的故事情节	也可推荐相关绘本或中文原著进行阅读
	学生：观看影片，观察演员如何诠释剧中的角色		
记忆台词	教师：①带领学生一起阅读每一个单词；②在聆听音频的过程中不时暂停，为学生解析其中的词语	在反复阅读和倾听的过程中，以记忆流行音乐歌词的方式记忆音频中悦耳动听的语言	无
	学生：课上反复阅读，听老师的解析；课后反复听音频		

续　表

步骤	师生活动	目的	备注
好戏上演	教师：指导学生根据个人意愿选择角色或与演出相关的工作（如乐团成员、幕后技术人员） 学生：①选择自己愿意尝试的角色或工作；②试演	通过自主选择，每一个孩子找到适合自己的角色或工作。通过试演，找到每个角色最适合的演员	无
教室即舞台	师生：把社团活动的教室布置成舞台，利用收集的纸箱自制演出道具，不用戏服	不用布景和戏服节省了大量的时间和金钱。确保整出戏的台词是剧本中地道的英文表达	无
日常排练	学生：每次排练结束后，全体社团成员一起打扫卫生	教师充分利用每一个教育时机帮助学生养成良好的习惯。教育无小事	无
明年再见	学生：本年度演出结束后，学生写下剧目排演的感受和体会 师生：共同阅读感兴趣的绘本或剧本，初步确定下一年度的排演剧目	“工作、娱乐、追求卓越”——永不止息的循环	无

4. 展示阶段（2018 年 4—5 月）

2018 年 4 月 24 日，滨海新区汉沽中心小学举办了中心小学首届英语戏剧大赛暨第八教育共同体展演活动。我们撰写了活动方案，邀请第八教育共同体的校级领导担任大赛的专业评委，同时我们还邀请了学校 14 个英语社团的成员的 70 名家长担任家长评委。大赛丰富了学生的校园文化生活，营造了良好的英语语言学习环境，开阔了学生的视野，提高了学生的英语综合语言运用能力，让喜欢英语的学生找到了一个学习、交流和展示的平台。

5. 总结完善阶段（2018 年 9—12 月）

全面梳理总结近一年来的课题研究成果，撰写结题报告。

（六）研究结论

该课题通过对雷夫“莎剧”社团排演模式的梳理、运用及改进，验证了美国小学教师雷夫“莎剧”社团排演模式在我国小学英语戏剧排演过程中的可行性，可以为小学英语教师指导学生戏剧排演提供一定的参考依据。

1. 现有社团模式的优势

英语戏剧社团的运行模式有效解决了社团成员数量远远大于剧本演员数量的难题，确保了每一位热爱英语戏剧表演的孩子能够参与社团活动，并在戏剧排演的过程中发挥特长、磨炼意志、提升运用英语做事情的能力。

通过课题研究前期的问卷调查和访谈，结合笔者自身辅导英语社团的方法和体会，笔者整理出原有社团运行模式和现有社团运行模式的区别（见表 15－5）。

表 15－5　原有社团运行模式和现有社团运行模式的区别

项目	原有社团运行模式	现有社团运行模式
成员招募	教师根据角色特点选择	学生自主报名
角色分配	教师指定	学生自主选择 + 竞演
服装道具	采购/无	自制
剧本选择	网络、童话、改编/自编	《轻松英语名作欣赏》等读物
任务分工	单一（演员）	多样（导演、编剧、演员、剧务、道具、音效……）
排演感悟	无	有

（1）成员招募。2017 年，我校（汉沽中心小学）有校级英语戏剧社团 14 个，除笔者的社团为学生自主报名外，其他社团均为教师根据剧本需要选择少量学生参与排演，最少的社团成员为 5 人（根据剧目需要的演员人数确定）。由教师挑选演员最主要的弊端是阻挡了一部分英语能力一

般或较差但对英文戏剧表演充满热情和渴望的孩子进入社团参与活动；而被挑中的孩子中，有一部分因为特别出色，往往身兼数职，要辗转两三个社团之间。这样的戏剧排演有违建立社团的初衷，师生单纯是为了最后的演出进行活动，失去了英文戏剧排演的价值和意义。学生自愿报名有时会造成社团成员较多的情况，为了让每一个成员在一年的社团活动中有所收获，我们通常会排演两到三个剧目，学生可以根据自己的能力和喜好参加一个或多个剧目的排演。

（2）角色分配。原有社团运行模式中演员的角色分配多由教师根据学生的形象、气质、特点等指定，学生没有选择角色的机会。在长达一年的社团活动中，通常会翻来覆去练习一个剧本，有的社团甚至在平时的排练中表现很懈怠，只在比赛演出的前一个月才会专注练习和彩排。这样的戏剧表演也成了少数孩子独有的“特权”。

现行社团的运行模式中，由于是学生自主选择角色，因此往往会出现一个角色有多个学生竞争的情况，学生在最初选择角色的时候就知道会在演出前一个月进行角色的竞演，基本上所有的社团成员都会选择两到三个角色进行准备。这无形之中使学生对剧本和台词的熟悉程度大大超过原有社团运行模式下的戏剧排演。尤其是选择了两个剧目的学生，在社团中一年的收获要远远高于原有社团运行模式下社团活动的收获。为了竞选成功，孩子们会比以往的排练付出更多的时间和精力。

以 2018—2019 学年度的《爱丽丝梦游仙境》为例，30 多名社团成员中有 4 个成员选择了爱丽丝、3 个成员选择了红桃王后、3 个成员选择了帽匠……竞演的过程中，每一个爱丽丝、每一个红桃王后都很出色，无论是语音语调还是舞台表演都让人为之惊艳，最终我们保留了所有的演员，创造了多场演出机会，让孩子们的每一次演出都变成全新的体验，也让我们的日常排练充满了新意和乐趣。

（3）服装道具。原有社团运行模式中演出所用服装道具以网购为主。2017 年，学校耗资一万余元为每个剧组配置了简易的演出服装和必备道具，由于每年大部分社团会选用不同的剧本，因此这些服装和道具的二次利用率极低，偶尔有类似的角色，却因为不同演员之间的身高或体重差异较大等原因无法再次使用。现在这些服装均被装箱放在库房里。为避免浪费，2017 年以后学校不再为每个剧组购置服装，而是为校园戏剧比赛中胜出的能够参加区域比赛的社团购置参赛服装。缺少服装和道具的戏剧演出使得小演员们很难激起热情，对于观众理解剧情也造成了一定的困难。

现行社团运行模式中，由教师带领学生自制服装道具，根据剧情需要选择服装及道具的款式、收集大小纸箱及各种卡纸并设计绘画裁剪。制作的过程中，学生会根据角色特点及剧情需要确定所需的颜色及式样，只有对剧本做到充分了解，才会制作出精美适用的服装和道具。自制服装和道具极大地调动了学生参与社团活动的积极性，培养了学生的创造力和合作精神。

以《爱丽丝梦游仙境》为例，为了更好地表现剧情，孩子们发明了能够灵活转动的道具门（一面是大门、一面是小门），成功地解决了爱丽丝在掉进兔子洞以后变大变小的表演难题。孩子的想象力总是让成年人感到惊讶。

（4）剧本选择。原有社团运行模式中，教师多从网络上选择现成的剧本进行排演，这样做的缺点是剧本质量良莠不齐，部分剧本中会出现用词不准确及中式英语等问题。有的教师为了突出时代特色或反映热点问题，采取自主编写剧本的形式，依然会出现上述问题。做这样选择的老师忽视了一个问题：为什么组织学生进行英语戏剧的排演？他们忽视了英语戏剧社团培养学生英语语言素养这一重要问题。

受美国教师雷夫组织小学生排演莎士比亚戏剧的启发，在现行的社团运行模式中，我们更加关注语言的准确性和表达的地道。我们选择了外研社出版的《轻松英语名作欣赏》，图书的知识性和严谨性毋庸置疑。学生不但能够欣赏到原汁原味的英语，还可以在连续几年的学习中持续系统地提升自己的阅读能力。

（5）任务分工。原有社团运行模式中，社团成员的任务相对比较单一，基本上就是角色的演出任务。而现行社团运行模式中，社团成员往往身兼数职：导演、编剧、演员、剧务、道具、音效……只要是社团排演需要的工作，绝大多数都由社团成员完成；教师在社团中起到的是指导和辅助的作用。孩子们在参与社团事务的过程中，体会到了成功排演一出精彩剧目的不易，会更加团结合作，也会更加珍惜每一份劳动成果。

（6）排演感悟。原有社团运行模式中，校级戏剧比赛的落幕也就意味着社团活动的结束。现行社团运行模式下，学生会在参赛后写下本年度戏剧排演中自己最难忘的经历、收获和感悟。教师会根据剧本特色设计专用的稿纸供学生书写，最后把每个剧目的所有感悟整理成册并制成电子版，给每一位社团成员留下美好又难忘的回忆。

通过对比，我们可以清晰地发现，现有社团运行模式更加关注对学生核心素养的培养，更加关注以人为本、以生为本的教育理念，时刻以学生的发展作为教育活动的出发点，充分利用社团的一切学习和活动资源，引导学生逐步形成正确的道德及情感价值观，促进学生个性的健康发展。

2. 英语戏剧表演对学生的影响

该课题的研究关注学生的情感变化，促进学生英语核心素养的逐步形成，为英语阅读教与学的立体化的有效实施提供了极大的可能性。

通过观察、调查、访谈等方法，笔者了解到参与英语戏剧社团的排演活动对学生的英语学习及情感态度产生了积极的影响。参与英语戏剧的表演不仅使学生提高了对英语名著名篇的知悉度、减轻了英文阅读的障碍、提升了英语文化素养，还使得一些平时怯懦胆小的学生逐步敢于开口说英语、逐步克服羞涩及缺乏自信的心理障碍。在戏剧排演的活动中，学生的个性得以发展。英文戏剧排演活动以育人为目标，培养学生参与戏剧的编排演、服装道具的制作、配乐、布置背景、场记等全方位的工作，使英语阅读立体化，并在主动探究的过程中享受成就感、体会语言学习的快乐。

虽然我没有竞选上猴王，但是我并没有沮丧，我觉得英语小剧不仅给我提供了上舞台的机会，还让我的口语水平得到了提高。——节选自杨依依的《猴子捞月》排演日记

这是一个性格活泼开朗、外向型的女孩，善于表现自我，特别渴望能够在剧中扮演主要角色。在反串猴王的竞演中票数位居第二，落选后并没有感到伤心或失望，而是积极投身到小猴子的竞演中，最终成功获选。

这次演出虽然我是台下群演说歌谣的，但是在小剧里我学到了许多知识，我也因此敢在课堂上上台表演英文课本剧以及一分钟演讲。参加英语戏剧社团让我获得知识，让我在课上敢于积极发言。——节选自贾靓研的《猴子捞月》排演日记

这个女孩性格内向，通过参与社团活动，逐步敢于开口发言，也能够积极地在课前对话的环节中展示自己，更加乐于开口表达，体会到了表演带来的乐趣。

我们台上的几个人特别紧张，因为我们要面对台下的好几百个观众，还有家长、老师，甚至校长都来了。“完了，完了，怎么办，怎么办呀？”我们没有道具，没有面具，也没有服装，能评得上吗？好在老师跟我们说：“没事的，只要把角色演好，投入到角色中去就好了。”一组一组过去了，我们认真地观看着其他人的小剧，学习着其中的优点，改正的缺点也不计其数。“下一组，第十二组！”我们上场了！我发现，大家演得都很好，歌谣说得很齐，下场后，张老师就对我们说：“孩子们，你们太棒啦！”我们也很高兴，不是因为老师表扬了我们，而是我们都表现了自己最好的一面。最后，我们得了第四名，虽然没有得奖，但我们依然像中了大奖，尝到了胜利的喜悦。——节选自高语涵的《猴子捞月》排演日记

通过排演日记我们看到孩子们集体荣誉感的逐步形成，在英语戏剧的演练过程中更加重过程、轻结果，享受参与活动的过程，不会因为最终的结果不尽如人意而失望沮丧。2018 年的校级比赛中，我们是 14 个参赛社

团中唯一没有购买演出服装的社团，但孩子们凭借精准的语音语调和精彩的表演获得了评委的一致认可。

我演了桌子，桌子其实很好演，加一点古怪的动作，在一定的时期上升下降，下场的时候是悄悄下去的。记得上一次爱丽丝应该把钥匙放在桌上的，但是她可能忘记了，于是我用脚把钥匙“强行”拖下台，既没有用手捡又把钥匙弄了下去，当时我胆战心惊，在众多观众面前难免会紧张，我的额头上全是汗，吓死了！——节选自李馨雨的《爱丽丝梦游仙境》排演日记

孩子们全身心投入排演活动，逐步认识到角色不分大小，哪怕是小到一个舞台上不说话的道具都能默默出彩。每一个登上舞台的孩子都会为了最终的演出成功，付出自己全部的努力。在活动过程中，孩子们逐渐磨砺了意志。

以前的我总是害怕自己在英语课上回答问题时，会被老师指出某个词发音不对。所以我不敢大声说英语，不愿回答问题，导致自己的发音错误无法被及时发现并改正。当我抱着试一试的心态参加社团后，我渐渐喜欢上了英语，也不再害怕自己的错误被老师指出来，而是勇敢面对。毕竟每个人都不是一生下来就什么都会，什么都能做到完美，所以错误肯定会有，但只要我们纠正错误的发音、语气等我们就能做到更好，就能在英语的学习道路上越走越远。话剧，除了要求演员说好台词，更重要的一点就是表演。其实我对于表演一点都不擅长，而且要在数百人面前表演，我就更加发愁。因为我从小就十分内向，不敢在他人面前表演，所以在排练前期我有些不如其他人，眼睛总是看向地面，但为了能达到完美，我鼓起勇气与对方平视，表演时也不再害羞，而是大方自然。——节选自周玟锦的《爱丽丝梦游仙境》排演日记

我刚进入社团时是五年级，那时候的我非常胆小，不敢去竞争角色和一些有词的群演，说话的声音也很小，我甚至感觉，我不是这个集体中的一员，只想默默地做一个旁观者。可是随着一次次的社团活动，我就发现

我的变化越来越大了。从那时候的不敢竞争角色变成敢积极地竞争，原来小到连自己都有些听不清的声音，也不知提高了多少倍，胆子也变得越来越大。我认为我的变化是最大的。不光是声音、性格，还有肢体动作，我的心态也被社团里的同学们带领得越来越积极和阳光了。——节选自李欣平的《爱丽丝梦游仙境》排演日记

每个人在上学期间，都会参加自己喜欢的社团。我原本是不喜欢英语的，但五年级的时候换了个英语老师，老师建立了一个英语社团让学生自愿参加，本来我是不想参加的，但我看大家几乎都参加了，于是我也抱着试试看的心态参加了。在小剧中，我只是一个默默无闻的纸牌兵，我没有台词，也没有太多的动作，可我觉得我也有了很多的变化，从原来人多的时候不敢与人直视，到现在可以在人多的时候与人交谈。这虽然不是太大的改变，但对我来讲，这就是最大的收获。我开始慢慢地接受这个从小就讨厌的语言了，我认为这个小剧开始让我直视生活中的一些不如意，因为我知道了，演出小剧看似光鲜亮丽背后却有辛苦和努力。——节选自乔霜彤的《爱丽丝梦游仙境》排演日记

这三个女孩的改变比较有代表性，她们的英语学习能力分别属于优秀、一般和有困难。虽然是不同英语学习水平的孩子，但她们在社团活动中有了相同的改变。尤其是英语学习存在较大困难的第三个女孩，并不是因为喜欢英语或喜欢戏剧表演才加入社团的，只是受了身边同学的影响。她初入社团的时候，各项训练及活动参与的积极性都不是很大，应付的时候居多。但在大多数社团成员的影响下，这个孩子逐渐有了变化。学期末的时候，英语成绩也作为社团活动的“副产品”逐步提升了上来。大多数的孩子在排演日记中都会提到自己对英语学习态度的转变，也有一部分学生谈到了参加社团活动后自己的性格发生了改变，由害羞、内向转变为活泼、开朗。其实并不是孩子们的性格有了彻底的转变，而是良好的集体氛围、和谐的师生与生生关系，让这些孩子能够逐渐敞开心扉，乐于参加社团里的互动并分享自己的感受。

从最初的声音小到后来能轰动全场，从最初的不认识单词到后来能理解剧本并可以发自内心地朗读，从最初的背台词到后来能绘声绘色地表演，我们不仅在英语学习方面比以前更优秀了，在表演和艺术方面比以前更进步了，还收获了来自心灵深处的力量，那就是坚定、顽强、执着、锲而不舍、追根求源、精益求精的力量！——节选自张紫凝的《爱丽丝梦游仙境》排演日记

读到张紫凝日记的最后一句，作为教师的我心灵受到了极大的触动。这个女孩是我们第一次正式演出中爱丽丝的扮演者，虽然在竞演中以远远高出第二名的票数成功当选爱丽丝，但在正式演出前的数次舞台彩排中表演上都有一些不尽如人意的地方。我把彩排过程用手机录制成视频，然后带着紫凝一遍又一遍地观看、一遍又一遍地完善……“坚定、顽强、执着、锲而不舍、追根求源、精益求精的力量”，只有亲身经历才会有如此深刻的感受吧。

很幸运，可以参演这部剧，它给我带来了很大的改变。我以前是个很胆小的女生，有点害羞，不太敢在很多人面前展示自己，但自从来到了英语社团，通过老师的指导，我的语音语调变得越来越准，而且在朗读英语文章的时候，也掌握了一个好办法，可以先把这篇文章听几遍，并把不认识的词查出来，读熟，再读就会读得流利了。通过对英语口语和表演的训练，慢慢地我开始放得开了，变得不再胆小了。这部剧带给我的不仅仅是口语能力的提高，也让我找到了属于自己的学习英语的方法，同时也让我收获了友谊。——节选自刘欣怡的《爱丽丝梦游仙境》排演日记

这是一个成绩优秀、沉默寡言、英语发音存在问题的转学生，五年级第二学期才转入我们学校。第一次参加社团活动的时候，她因为独特的嗓音在《猴子捞月》的小剧中扮演的是湖水——一个不用出境，只需要在结束的时候说一句台词的角色。在《爱丽丝梦游仙境》中，她是为数不多的背下几乎全部剧本台词的学生。沉稳内敛的性格让她放弃了所有的竞演，最终选择扮演那扇能改变大小的门。对于表现欲较弱的孩子，参与社团活

动的形式不局限于登台并扮演有台词的角色，有关英文剧本的一切听、说、读、演、观的活动都是学习的方式。尤其是那句“同时也让我收获了友谊”更是让笔者感到欣慰和动容。

我觉得这次比赛我们小剧拿到了第一名的优异成绩离不开我们平时刻苦地排练，更离不开我们的精美道具。记得是一天上午，王盛玉说我可以去帮老师制作道具，我情不自禁地答应了。我之所以这么爽快，是因为我觉得为小剧做道具肯定会比买现成的更有意义，还有就是站在台下看着同学们穿着自己动手做的道具多少有几分惬意和自豪。虽然我就画了几张扑克牌和一块表，但还是为我们的小剧添上了一道美丽的风景线，所以我觉得制作小剧道具的成就感是很多人无法体验的，我为我骄傲。——节选自张睿东的《爱丽丝梦游仙境》排演日记

每一个参与道具制作的社团成员，都不会忘记那段紧张忙碌又甜蜜美好的时光。除了社团活动时间，大多数的课间我们都会聚在社团活动的专用教室里，那些已经完工和尚未完工、色彩艳丽的纸制品吸引着课间休息时从社团教室门口路过的每一双好奇和羡慕的眼睛。甚至有的非社团成员也会主动要求参与道具的制作，因此我们多了很多“小小志愿者”。看似与语言学习毫不相关的手工制作，却在增强社团成员凝聚力这件事上发挥着强大的作用，也让学生们在制作过程中乐于主动探究与之相关的知识：如何计算出正确的帽筒直径以适应佩戴者的头颅，如何安装才会让纸门既能固定在门框上又能够自如地转动，如何让道具看起来更有立体感，怎样才能保证粘满羽毛的纸翅膀能够固定在渡渡鸟的手臂上又能够自由地挥动……

在还没排练时老师让我们听着录音按着它的语音语调说，一开始我发现很难，于是就一遍遍地听，终于我的语调跟它的一样了，再给老师读时老师表扬了我，还发了一段录音到群里呢。在排练时我和同学们都很认真。谁说排练时间很短？我们相信只要我们好好排练就一定会成功。在做道具时也十分不容易，服装自己准备，鳄鱼、仙子的翅膀、彼得·潘的影

子、胡克船长的钩子，还有很多都是我们制作的，这令大家更有了表演出色的决心。——节选自高语涵的《彼得·潘》排演日记

这个女孩的妈妈曾说：“我家女儿的英语发音里怎么总带着汉沽口音啊。”女孩很优秀，性格也很外向开朗。受雷夫的影响，为了让学生们形成良好的语音语调，我要求每一位社团成员在开口读剧本之前听音频一周至两周的时间。凡是严格按照这个要求去做的学生，在后期的朗读和背诵环节进展都很迅速。这个被妈妈一直诟病说英语带家乡音的女孩，在第一次朗读剧本的时候就惊艳了全场，她的台词，如果闭上眼睛听就像在听原版音频，感情和语气都很到位。正确的语音输入达到了一定的量，发音纯正的语言输出也就变成自然而然的事情了。

我本不是这个英语社团的成员，是最晚进入这个社团的，但我很快地融入了社团中。从一个腼腆的小男孩逐渐变得开朗大方，以至于最后变成了“戏精”，这话剧的魅力不可谓不大。我自己有这个话剧的剧本，但自己平常读这个故事的时候，只是感觉在读一些字母组成的单词，但在表演时感觉我的灵魂都融入了这个我演的角色里。我那天上场时满心都是紧张，生怕给小剧抹黑，让我们社团成员几天的努力化为泡影。但当我上场时就仿佛有一种无形的力量在支撑着我，我圆满地完成了表演任务。当我们下台时，看到观众真心地为我们鼓掌，我内心的紧张不知所踪。所有人的脸上都写满了欢喜与骄傲，这一次上台表演是我第一次在正式的英语比赛中“露脸”，这也更激励了我要砥砺前行。——节选自刘子瑞的《彼得·潘》排演日记

这是一个被我们丰富的社团活动渐渐吸引过来的小男孩，学习成绩十分优异，从很小的时候就坚持英文绘本的阅读。他加入社团时距离演出已经不到一个月的时间了。正如他在日记中写的那样，戏剧表演让躺在书中的那些文字鲜活了起来。读故事和表演故事也是截然不同的两种感受，“灵魂都融入了这个我演的角色里”。戏剧表演有助于学生语言表达能力和肢体协调能力的提高，同时能够帮助学生深刻理解文本内容。只有“读进

去”，才能“演出来”。戏剧表演让书中的文字和人物鲜活了起来，让孩子们在阅读过程中脑海里想象的画面得以真实再现。

其实这个剧我们排练的次数很少，之所以能上场，是因为老师说，如果我们努力排下来的话，也能上场表演，于是我们燃起斗志，下定决心要背台词，我背了两天，几乎把所有人物的词都背下来了，最熟的还是小飞侠和约翰了。因为就一两周时间，所以我们都没缺席过。每次排练时老师都指出了我的不足并提了些建议，后来的每次排练我都想着该注意什么，该用什么表情语气。经过反复的排练，腼腆的我渐渐地露出表情，把动作演了出来。虽然还有些不足之处，但通过我的努力，呈现了不一样的角色。我也有了变化，有了些语感，爱看英语绘本，读课文更流畅，我的词汇量也增加了。——节选自张睿东的《彼得·潘》排演日记

我在剧中承包了所有的配角，其中有炮火声和达令夫人的小狗。为了演好这只狗，我向家里的金毛求教，我每天观察它的动作、听它的叫声，要想演狗，唯一的老师就是他（它）了。向狗求教后，就是模仿炮弹的声音了，我又开始听各种战争类的电影，寻找最真实的声音，这个“呼(砰)”字看起来简单，但想“演”好它很困难。经过所有演员的努力，我们的小剧排出来了，这是十分不可思议的一件事，在短短两周就排出一个还比较像样的话剧十分不易，我们做到了。也许这还不算什么，但对我来说是一个不小的挑战了。——节选自王盛玉的《彼得·潘》排演日记

《彼得·潘》这个剧正式的排练时间包括服装道具的制作时间只有两周，看似时间很短、准备仓促，但学生们有了《爱丽丝梦游仙境》的经验，《彼得·潘》的一切准备程序都做到了有条不紊、轻车熟路。学生们能够从剧本中快速梳理出我们所需要的服装和道具，小到一颗橡树的果子、海盗的眼罩、船长的钩子假手、小仙女的魔棒，大到彼得·潘的影子、小仙女的翅膀、玩具鳄鱼……故事中所有的细节无一错过。也正是因为时间紧促，每一个演员都付出了超出常人的努力。通过整个团队的合作，学生们有效提升了社会意识，学会了责任担当。

在阅读和整理一本厚厚的学生排演日记时，我的心里充满了喜悦和感动，两年来的英文戏剧排演活动历历在目。我们每一个人都在尽力地让英文阅读立体，丰满起来。华南师范大学左璜教授在指导自己的孩子进行英文阅读的过程中谈到了阅读立体化的概念：立体化的阅读首先是让阅读的输入媒介立体化，其次是让阅读的输出活动立体化。

英文戏剧排演之前的读文本、听音频、看视频，排演过程中的表演训练、服装道具的准备、角色竞演，排演之后的反思、交流、撰写感悟，无一不是在让我们的英语阅读立体化。这个过程将成为孩子一生中难以忘却的一段美好回忆。

三、参考文献

［1］刘哲君．教育戏剧在小学英语教学中的应用探究［D］．济南：山东师范大学，2012.

［2］陈晓艺．课本剧在小学英语教学中的应用研究——以重庆市 N 小学为例［D］．重庆：重庆师范大学，2016.

［3］黄爱华，徐大军，陈漪．中小学戏剧教育的三种实践模式［J］．杭州师范大学学报（社会科学版），2009（5）.

［4］田甜．论戏剧教学在小学英语教学中的应用［J］．中国科教创新导刊，2012（30）.

［5］陈渭渭．课本剧在小学英语教学中的应用研究［J］．新课堂·小学，2017（2）.

［6］汤红芳．浅谈小学英语教学中教育戏剧的应用［J］．校园英语，2015（10）.

［7］杨阳．新课程标准下戏剧教学手段在小学英语对话教学中的应用［J］．小学教学设计，2013（30）.

［8］滕亚杰．艺术点亮梦想　“马兰花”光彩绽放［J］．北京教育

（普教版），2016（6）.

［9］艾斯奎斯．第56号教室的奇迹［M］．卞娜娜，译．北京：中国城市出版社，2009.

［10］葛琦霞．当绘本遇上戏剧：教室里的小剧场［M］．北京：外语教学与研究出版社，2017.

［11］黄爱华，朱玉林，等．探索与实践：新课程改革背景下的戏剧教育［M］．杭州：浙江大学出版社，2008.

课题十六　信息技术改进小学数学课堂教学的研究

一、课题组成员信息及分工情况

（一）课题组成员信息（见表16－1）

表16－1　　课题组成员信息

<table>
<tr><td rowspan="2">课题主持人</td><td>姓名</td><td colspan="2">单位</td><td>性别</td><td>现任职务</td><td>出生年月</td><td>学科</td></tr>
<tr><td>侯少海</td><td colspan="2">天津市滨海新区汉沽第一小学</td><td>男</td><td>教师</td><td>1977年12月</td><td>数学</td></tr>
<tr><td rowspan="6">课题组主要成员</td><td>姓名</td><td>学科</td><td>年级</td><td>职务</td><td colspan="3">单位</td></tr>
<tr><td>张明敏</td><td>数学</td><td>四年级</td><td>教师</td><td colspan="3">天津市滨海新区汉沽第一小学</td></tr>
<tr><td>孙颖</td><td>体育</td><td>五年级</td><td>教师</td><td colspan="3">天津市滨海新区汉沽第一小学</td></tr>
<tr><td>王娜</td><td>音乐</td><td>六年级</td><td>教师</td><td colspan="3">天津市滨海新区汉沽东海小学</td></tr>
<tr><td>张艳芳</td><td>语文</td><td>六年级</td><td>教师</td><td colspan="3">天津市滨海新区汉沽桃园小学</td></tr>
<tr><td>王建华</td><td>数学</td><td>六年级</td><td>教师</td><td colspan="3">天津市滨海新区汉沽河西一小</td></tr>
</table>

（二）课题组成员分工情况

组长：负责课题研究的全面工作，统领、指导、督查课题研究工作的具体落实，整理课题研究过程资料归档，组织课题研究成果展示活动，形成结题报告。

成员：积极开展课题研究工作，共同学习，深入探讨，不断反思，积极实践，完成课题研究课教学实践、教育教学反思、教育案例、教学课例、教育叙事等文章的撰写。

二、课题详细信息

（一）课题由来

2012年3月，国家教育部颁布了《教育信息化十年发展规划（2011—2020)》，发展规划中提出了面向建设人力资源强国的目标要求；提出了面向未来国力竞争和创新人才成长的需要，努力为每一名学生和学习者提供终身学习和个性化学习的信息化环境和服务。本课题以信息技术在小学数学课堂的实践作为切入点，将信息技术与学科教学内容有机融合，充分利用各种信息资源，使学生的学习内容更加丰富多彩，更加贴近学生的生活和现代科技；同时也可使教师的知识和视野得到拓展，改变传统的学科教学方式和教学内容。

（二）课题界定

信息技术：本课题所说的信息技术主要是指计算机多媒体的应用，包括 PPT（演示文稿）课件、希沃白板软件、音箱等。

小学数学课堂教学：是指小学数字阶段的班级授课制的形式。

现代信息技术：是指借助以微电子学为基础的计算机技术和电信技术的结合而形成的手段，对声音、图像、文字、数字的和各种传感信号的信息进行获取、加工、储存、传播和使用的能动技术。

小学数学：数学是研究数量关系和空间形式的科学。为体现义务教育数学课程的整体性，课程标准将九年的学习时间划分为三个学段：第一学段（1 ~ 3 年级）、第二学段（4 ~ 6 年级）、第三学段（7 ~ 9 年级）。本课题研究小数数学，也就是第一、二学段的内容。

课堂教学：是教育教学中普遍使用的一种手段，它是教师给学生传授知识和技能的全过程，主要包括教师讲解、学生问答、教学活动以及教学过程中使用的所有教具。也称班级授课制。

（三）研究目标

本课题的研究总目标为改变原有的仅仅限于一般的多媒体计算机辅助教学，多让学生在数学教学中运用计算机查找、处理和交流相关信息，体现学习的自主性和个性化。在总目标的指导下，具体要达到以下目标。

第一，通过本课题的研究，探索出信息技术与小学数学课堂教学有效融合的教学模式。

第二，通过本课题的研究，转变学生的学习方式，改变课堂学习氛围，提高学生的学习兴趣和学习效率。

同时，希望通过研究达到以下效果。

第一，改变课堂氛围，提高学生的学习兴趣。

第二，转变学习方式，提高学生的学习效率。

第三，促进学生知识内化。

第四，将抽象的问题具体化，突破教学的重难点。

（四）研究内容

第一，信息技术与网络资源进行结合，运用微课、微视频实现个性化学习的需要，提高教学质量和效率。

第二，运用信息技术创设情境，提高学生的学习兴趣，活跃课堂气氛。

第三，运用信息技术突出教学重点，突破教学难点，促进学生知识的内化。

（五）研究情况

在课题研究过程中，明确并落实好目标，是取得课题研究成果的根本。我们根据研究的阶段任务与内容，采用行动研究法，通过课堂教学实践、集体备课、专题研讨课等活动形式，及时研究，及时发现，及时总结，及时调整。

1. 课题准备阶段（2017 年 7—8 月）

（1）定课题内容，成立课题组。

（2）立课题基本框架，申请课题立项。

（3）收集有关信息，进行理论学习。

（4）研究讨论课题的具体实施方案。

2. 课题研究阶段（2017 年 9 月—2018 年 5 月）

（1）研究如何将信息技术与网络资源进行结合，运用微课、微视频实现个性化学习的需要，提高教学质量和效率。

（2）研究运用信息技术创设情境，提高学生的学习兴趣，活跃课堂气氛。

（3）研究运用信息技术突出教学重点，突破教学难点，促进学生知识的内化。

3. 总结阶段（2018 年 6—7 月）

（1）本阶段对研究资料和成效进行整理、总结。

（2）撰写研究报告，编撰论文。

（3）进行研究结论的最终论证，准备结题。

（4）做好课题研究成果的宣传、推广和使用工作。

（六）研究结论

本课题自立项以来，课题组围绕着课题实施方案，积极进行研究与思考，本着务实的态度进行了认真的实践，取得了一定的初步成效，现总结如下。

1. 探索出了运用信息技术与小学数学课堂教学深度融合的有效路径

课题组形成了汉沽一小数学微课视频集与课例集。学生在家里观看教师课前录制好的微视频，并完成教师提供的任务单实现课前自主学习，课上，在教师与同学间的探讨与帮助下实现知识的内化，体现了“主导、主体相结合”的教学结构（见图16－1）。

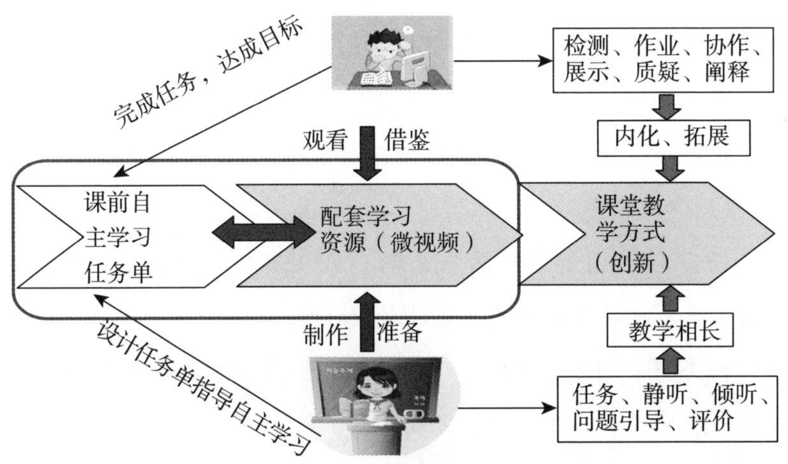

图16－1　“主导、主体相结合”的教学结构

课前，教师根据教学目标与学情，精心制作微视频，设计课前任务单（明确自主学习的内容），从而指导学生自主学习。学生在家里观看微视频和完成任务单，可以按照自己的步骤、节奏学习（暂停、重播）。这有利于学生根据个人情况完成学习，夯实基础，最大限度地达成学习目标，进而培养自主学习的能力。

课上，教师主要进行问题引导，有针对性地进行评价，教学相长，更大程度地把课堂还给学生，让学生真正地成为学习的主人。学生完成课堂检测、进阶练习（个人挑战、小组合作），通过展示、质疑、阐释，达到内化知识的目的。这能使学生学的知识更广阔，挖掘的知识更深邃，从而发展思维能力与合作交流能力。

学生的学习兴趣明显提高了，能在信息技术环境下进行有效的学习。学生在运用信息技术的过程中，体会个性化学习和协作学习的途径和模式，并明白整合对于提高自身素质和终身学习的意义。同时也实现了学生的自主学习和有选择性的学习，大大提高了学生的学习效率，实现了学生的主体地位。

下面以圆的认识一课为例。

一、课前观看微视频，完成任务卡

微视频内容：圆心（o），圆半径（r），圆直径（d），$d=2r$，圆规画圆（会画固定半径和直径的圆）。

（1）任务一：请先观看教学视频，然后想一想：生活中哪些地方也存在着圆？（至少写3个）。

（2）任务二：圆是怎样画出来的，有没有什么诀窍？用圆规画2个圆，并在你认为画得最好的那个圆中涂上颜色。

（3）任务三：什么是圆心、圆的半径和直径？在所画的圆内标出圆心，画出一条半径和一条直径，并用字母标示出来。

（4）任务四：在同一个圆里，半径和直径有什么关系呢？画一个半径是2厘米的圆，并标出它的直径和半径。

（5）任务五：现在，我知道了圆的半径有（　　）条，同一个圆内的半径长度都（　　），直径也有（　　）条，同一个圆内的直径长度都（　　）。同一个圆内的直径长度是半径长度的（　　）。

（6）困惑与建议：看完微视频后，你有什么困惑和建议，请写下来。

二、课上部分

（一）自学检测

巩固圆的直径和半径的概念及它们之间的关系。

（1）检测一：分别用字母标示出下面各圆（见图16－2）的半径和直径。

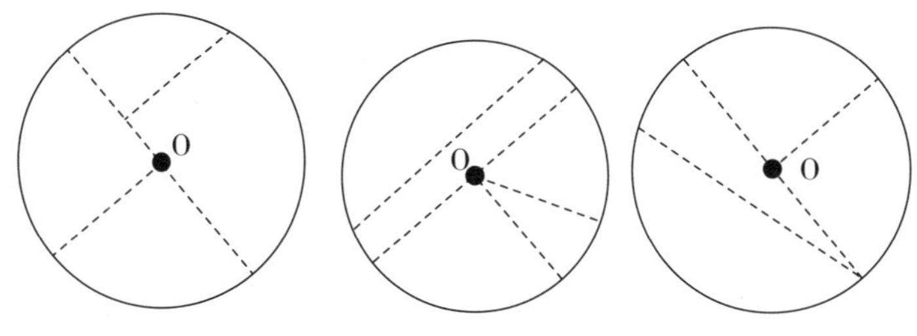

图 16－2　各圆

（2）检测二：画下列圆。

半径：20 厘米；7 厘米。

直径：6 米；0.24 米。

（3）检测三：比较下面每组中两个圆的大小，在大的圆后面画“√”。

①半径 1 厘米的圆（　　）直径 1 厘米的圆（　　）。

②直径 4 厘米的圆（　　）半径 3 厘米的圆（　　）。

③半径 5 厘米的圆（　　）直径 1 分米的圆（　　）。

（二）进阶练习

（1）个人挑战。

①比较两个圆的大小，理解半径和直径之间的关系。

师：它们都是 2 厘米，你们觉得圆的大小一样吗？先把它们画出来，再说说为什么。

a. 半径 2 厘米。

b. 直径 2 厘米。

②理解直径、半径的概念。下面对的画“√”，错的画“×”。

a. 在同一圆内只能画 100 条直径。（　　）

b. 圆的所有直径都相等。（　　）

c. 画圆时圆规两脚之间的距离是这个圆的半径。（　　）

d. 两端都在圆上的线段叫作直径。（　　）

（2）小组合作。

①找纸片的圆心。找一找：同伴合作找出所给圆形纸片的圆心，并量

出它的半径是（　　）厘米，直径是（　　）厘米。

②巩固理解在同一个圆中，直径是最长的线段。在圆形纸片中任意画几条线段，量一量，比一比，在同一个圆里，哪条线段最长呢？

③填一填（见图 16－3），并在小组内商量结果。

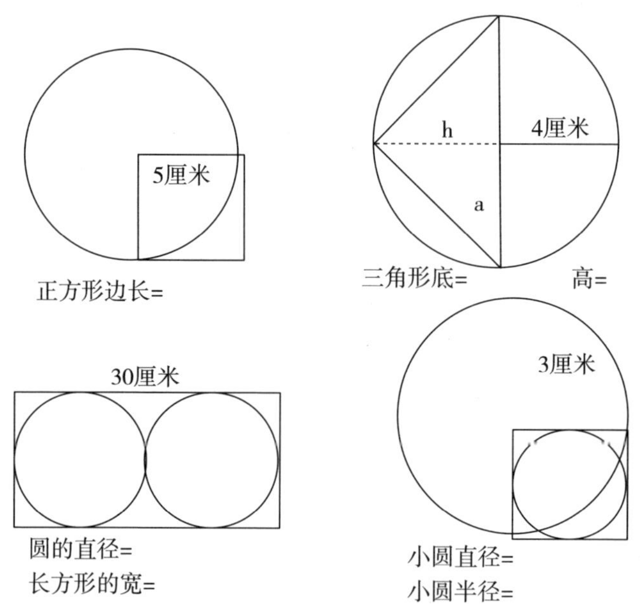

图 16－3　关于圆的习题

（3）协作探究。

生活中有很多物品上都有圆形的面，（老师展示所带物品）用今天所学的知识选择一个物体，小组合作量出圆形的面的直径。

①我们选择的物品是（　　）。

②我们小组推选的汇报人员是（　　）。

③我们小组测量时所用的工具有：（　　）。

④我们小组是这样测量的：（　　）。

三、拓展与应用

（一）解释生活现象

通过同学们的探索、思考，我们已经认识了圆、学会了画圆、知道了圆的特征等。其实，圆还蕴藏着许多的奥秘。请大家思考。

（1）餐桌为什么做成圆形？

（2）为什么这些都称为圆桌会议（见图 16－4）？

图 16－4　圆桌会议

（3）自行车轮胎为什么是圆形的？

（4）井盖为什么是圆形的？

（二）课后思考

（1）篮球场中间的圆怎么画？

（2）如果要把圆画得大一些，应该怎么办？

2. 探索出了运用信息技术改进小学数学课堂教学方式的策略

（1）化抽象为具体的策略。突出教学的重点，突破教学的难点，促进学生知识的内化。教育心理学的研究表明，小学生的思维以形象思维为主，而对抽象的概念理解不深，甚至模糊。而数学的特点是抽象性。把现代信息技术引入小学数学教学中，能把高度抽象的知识直观显现出来，用生动、直观、具体的形式表达抽象、概括、内在、本质的东西，化抽象为具体，化无形为有形，化内在为外在，有力地改进了教学方式，使学生较为容易地理解和掌握。

例如，圆的面积的教学，教学重难点就是掌握和理解圆的面积计算公式的推导过程。过去，学生小组合作把附页的两个圆等分成 16 个和 32 个小扇形进行拼摆，简单、好上手，但如果让学生把圆 64 等分或者更多等分，学生操作起来就有些困难，浪费时间。教师可利用现代信息技术，用多媒体演示把圆进行等分的过程，将其分成 16 份、32 份、64 份等。为了加深学生的理解，使他们看得清、搞得明，用不同的颜色对圆的面积、半径和周长做不同的标注。在此基础上，让学生们找出所拼成的长方形的宽和长与圆的半径和周长的关系（见图 16－5），进而推导出圆的面积公式。突破了教学的重点与难点。

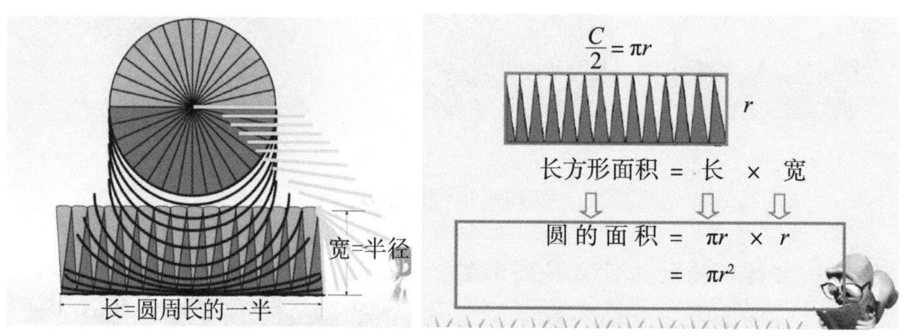

图 16－5 多媒体演示

受此启发，学生提出可以拼成 个近似二角形的结论，通过实物操作，推导出圆的面积公式，学生们创新的灵感不断迸发，大胆提出还可以拼成一个近似梯形的结论，学生们兴致勃勃地用手中的学具推导圆的面积公式，小组汇报推导过程和结论。利用信息技术，使圆的面积从抽象到具体，再由具体到抽象，激起了学生们思维的火花，让学生们的思维绽放得如此精彩。

随后借助多媒体演示拼成的近似三角形的过程，学生们恍然大悟，细细分析，从具体到抽象，得出了圆的面积公式。

通过以上的教学实例，我们可以清晰地看到现代信息技术在小学数学中的巨大作用。这种可视的教学方式，与小学生的形象思维相适应，克服了书本、黑板的刻板、呆滞、僵化的弊端，丰富了小学生的视觉感官，促进了其形象思维的发展，有力地助推其从形象思维向抽象思维的转变，促进了其知识的内化。

（2）创设情境策略。提高学生的学习兴趣，活跃课堂气氛。现代信息技术能设计以趣味图形、图像、动画、数字、符号等相互配合，辅以精练的文字说明和动听的音乐，直观生动、形象逼真的教学情境。这恰好能改变学生注意力不集中的特点，提高了学生的学习兴趣，活跃了课堂气氛，让他们在无意识中认真听讲。

如在教学秒的认识这一课时，利用现代信息技术将学生熟悉的春晚倒计时情境带入课堂，让学生参与倒计时的活动，结合学过的时和分，唤醒学生已有的生活经验，引出比分更小的单位——秒，既能激发学生的兴趣，又能使学生直观地认识生活中秒的存在，帮助学生认识抽象的时间概念。

（七）研究效果

1. 提高了教师对信息技术的运用能力以及理论素养和科研水平

在课题研究中，课题组成员进行了多次的理论学习、课题研讨、教学实践，参加了天津教育科学研究院邢真研究员关于“中小学教育科研方案编制与过程管理”的培训，聘请了天津市特级教师徐长青做信息技术改进小学数学课堂教学方式的讲座。通过参加培训，我们认识到信息技术在四个方面发挥作用：一是准确判断学生学习情况；二是激发和引导学生科学学习；三是科学评价学生学习的状态；四是指导学生建构学习策略。

课题组成员不仅能熟练地运用多种信息技术手段，而且掌握了先进的现代教育理论和教育科研方法，教科研的意识和能力在不断增强，一批高质量的实验研究课、研究论文和优秀课件纷纷出炉。

2. 改变了教师的教学行为，教师运用现代信息技术的意识得到了提升，从而提高了课堂教学的效率

现代信息技术用于教学活动的直接目标是促进教与学方式的变革，其价值是“互联、互通、共享”，创设“时时可学习、处处能学习、人人会学习”的环境，以教的方式的多样化，适应学生学习个性化的需要，使教师从一心传授知识的工作中摆脱出来，学生可更好地在家学习、在线学习。微课、微视频，可看一遍、两遍、三遍，处处可学，随时随地可学。在日常的数学课堂上，教师普遍都能运用信息技术手段辅助学生的学习活动，从普通的投影仪到多媒体网络环境，教师的运用意识在提升，从而提高了课堂教学的效率。

3. 学生的学习兴趣、教师的教学效率与教学质量显著提高

为了切实做好本课题的研究工作，了解运用信息技术改进小学数学课堂教学方式的效果，课题组于2015年5月对学生进行了问卷调查。此处选取了部分有代表性的问题。

（1）教师运用信息技术进行教学，你的主要感受是什么？（此题为多选题）选择“课堂内容容易理解”占87.22%，选择“课堂气氛活跃，师生关系融洽”占82.71%，选择“上课内容增加”占45.11%。多数学生对教师使用信息技术进行教学有很高的兴趣。利用信息技术进行教学提高了学生学习数学的兴趣，使学生对一些抽象知识的理解更加深刻容易，大大节约了课堂时间，使学生在有限的时间内学到更丰富的知识，拓展了学生的思维。

（2）你认为利用信息技术教学与传统数学教学相比有哪些优势？（此题为多选题）选“充分体现学习自主性”的占84.96%，选“效果差不多”的占7.52%，选“掌握知识较快、记得牢”的占86.47%，选“没有传统教学效果好”和“不好比较”的仅占了0.98%。由此可见大多数学生更喜欢与信息技术结合的数学课堂，这样的课堂使他们对知识的掌握更有效率，更能发挥学生的自主性，提高教学质量。

由此不难发现，运用现代信息技术改进小学数学课堂教学方式的实践已经初现成效，教师在课堂教学中已经普遍运用多媒体改进教学方式、提高课堂效率，在提高教学质量上已经取得了一定的成效。但教师运用信息技术比较单一，还不能达到各种技术交互运用的水平。学生获取知识的途径主要是通过课本、老师讲授获得，在获取知识的过程中，已经基本上适应了利用信息技术改进教学的模式。

4. 通过两次现场会，促进了研究成果的推广

2016 年 5 月召开了信息技术改进小学数学课堂教学的观摩研讨会，由叶艳红老师执教“圆的认识”，《天津教育报》对本次活动进行了报道，特级教师徐长青结合课例以“翻转课堂”为题做了讲座介绍了“翻转课堂”的定义、发展、优越性，王晓龙老师从翻转课堂的古代和现代理论依据的角度做了专题讲座，为我们课题的研究提供了理论与实践的指导。2017 年 4 月召开了信息技术与教学深度融合现场会，由杨晓宇老师执教“确定位置”，杨老师课前利用微信发布微课和学习任务单，学生在课上进行进阶练习。我们的研究成果得到了与会领导、老师的肯定，同事也在全区域推广了我们的研究成果。

三、参考文献

[1] 中华人民共和国教育部．义务教育·数学课程标准：2011 年版 [M]．北京：北京师范大学出版社，2012.

[2] 李本友，吕维智．微课的理论与制作技巧 [M]．北京：中国轻工业出版社，2000.

[3] 何克抗．教育技术培训教程 [M]．北京：高等教育出版社，2000.

[4] 张丹．小学数学教学策略 [M]．北京：北京师范大学出版社，2010.

[5] 刘加霞．小学数学课堂的有效教学 [M]．北京：北京师范大学出版社，2008.

课题十七　合理使用信息技术对实现品德与社会学科教学有效性策略的研究

一、课题组成员信息及分工情况

（一）课题组成员信息（见表 17－1）

表 17－1　　课题组成员信息

<table>
<tr><td rowspan="2">课题主持人</td><td>姓名</td><td colspan="2">单位</td><td>性别</td><td>现任职务</td><td>出生年月</td><td>学科</td></tr>
<tr><td>王立群</td><td colspan="2">天津市滨海新区大港教师进修学校</td><td>男</td><td>教师</td><td>1979 年 8 月</td><td>品德与社会</td></tr>
<tr><td rowspan="5">课题组主要成员</td><td>姓名</td><td>学科</td><td>学段</td><td colspan="4">单位</td></tr>
<tr><td>李敏</td><td>品德与社会</td><td>小学</td><td colspan="4">天津市滨海新区沙井子学校</td></tr>
<tr><td>商其玉</td><td>品德与社会</td><td>小学</td><td colspan="4">天津市滨海新区上古林小学</td></tr>
<tr><td>孙凯</td><td>品德与社会</td><td>小学</td><td colspan="4">天津市滨海新区大港第一小学</td></tr>
<tr><td>刘泽强</td><td>体育</td><td>小学</td><td colspan="4">天津市滨海新区大港教师进修学校</td></tr>
</table>

注：窦菲、韦唯、高俊英等教师对本课题亦有贡献。

（二）课题组成员分工情况

王立群承担本课题的开题报告、中期总结、工作报告、结题报告的撰写，组织、指导小组成员进行研究。

第一组：商其玉、窦菲等成员，主要进行信息技术与课程整合的理念、方法、创新等问题的理论探讨与分析研究。

第二组：李敏、韦唯等成员，主要探讨小学品德与社会学科与信息技术有效整合的教学策略。

第三组：孙凯、高俊英等成员，主要探讨小学品德与社会学科与信息技术有效整合的教学模式。

二、课题详细信息

（一）课题由来

在多年的教学中，我们发现在使用多媒体技术方面，存在着不合理使用或者过度使用从而造成教学目标的偏离的现象。结合我区的课堂教学现状，在建构理论的指导下，探索信息技术与品德与社会课堂教学有效整合的策略，逐步形成信息技术与品德与社会课堂教学有效整合的教学模式。提高学生自主学习的能力和教师运用信息技术提高课堂教学实效是每一位品德教育工作者不懈的追求，故提出本课题。有效的信息技术并不是单纯看使用的技术有多好、多新。要把信息技术作为辅助教学的手段转变为学生学习的方式，充分利用信息技术在提高教学有效性方面的作用，使学生的学习效率显著提高，并在运用的过程中逐步培养学生的探究意识与创新精神。教师在探究的过程中能够结合学科特点，总结出运用的策略，形成教学模式。

（二）课题界定

信息技术：主要指利用计算机和电子通信方式对信息进行加工、处理、使用的相关技术手段。

有效整合：信息技术优化了教学方式，教师通过信息网络、计算机软件，从大量的信息中选取本学科所需资料，并将其运用到课程实施的整个环节之中，提高了课堂教学效率。

品德与社会课程与信息技术有效整合：结合品德与社会课程的特点，在课程教学的整个过程中，使包括课前的学习资料的收集、课程资源的补充、教学课件的制作与使用、教学评价等的环节发挥现代信息技术的优势，使二者巧妙结合，为实现教学目标提供帮助，同时培养学生自主学习的能力与创新精神，达到相得益彰的效果。

（三）研究目标

第一，通过教学实践研究，弄清小学中高年级在小学品德与社会教学中使用信息技术效率不高的原因，为探究二者的高效整合打下基础。

第二，通过本课题研究，探索出品德与社会学科与信息技术有效整合的策略，从而提高我区品德与社会学科教师信息整合的能力，提高课堂教学质量。

第二，通过本课题研究，形成品德与社会学科与信息技术有效整合的教学模式，从而提高我区学生的实践能力，并培养其创新精神。

（四）研究内容

1. 分析信息技术与品德与社会教学整合低效的原因

2. 总结出品德与社会教学与运用信息技术有效整合的策略

（1）探究学习策略：品德与社会课程与现代信息技术的整合，为学生的自主发展助力，使学生未来的发展具备更多的可能性，学生可以根据教学内容，充分发挥信息技术的特点，进行必要的资料收集、整理，在教师的指导下利用教师提供的资料和自己收集的资料进行自主探究学习。教师根据课程的教育教学目标进行创造性教学活动的开发，探索新的教学模式与形式，实现教学效益最大化。

（2）情感驱动策略：信息技术与品德与社会学科的有效整合，能够极大地增强学科的趣味性、科技性，促进学生对品德与社会学科的热爱，增强学习的欲望，从而有效地培养学生的情感。

（3）探索信息技术与品德与社会学科教学有效整合的教学模式。具体可以包括以下步骤：

①导入新课，激发兴趣；②阅读教材，了解知识；③合作探究，资料交流；④集体交流，资源共享；⑤归纳总结，情感升华。

（五）研究情况

本课题在两年内完成。

1. 准备阶段（2017 年 12 月—2018 年 3 月）

（1）对我区小学品德与社会教学现状进行调查分析。

（2）课题组成员进行专题培训、理论学习，修改完善研究方案。

（3）成立组织机构，进行课题的立项申请。

2. 实验阶段（2018 年 3—11 月）

（1）接到立项通知后，做好技术准备工作。

（2）组织开题，并根据方案建议继续修改和完善实施方案。

①立足课堂实践，运用观察分析法，总结信息技术与小学品德与社会教学有效整合的策略。

②探索信息技术与品德与社会学科教学有效整合的教学模式。

③做好中期推动会，形成中期报告。

3. 结题阶段（2018 年 11 月—2019 年 3 月）

按照课题研究的既定计划进行研究收尾工作，积极开展实践课研讨活动，最后收集和整理研究成果。

（1）总结教师研究的有效整合的教学成果，整理各项研究成果集。

（2）梳理课题的各项研究成果，进行课题结题报告和工作报告的撰写工作。

（3）做好课题结题工作，申请鉴定。

4. 阶段性目标

（1）准备阶段：深入教学一线，与任课教师进行座谈，发放与回收调查问卷，了解我区课堂的教学现状，明确研究内容，探索信息技术与品德与社会课堂教学有效整合的策略，逐步形成信息技术与品德与社会课堂教学有效整合的教学模式，提高学生自主学习的能力和教师运用信息技术提高课堂教学实效的能力。

（2）实验阶段：通过实践探索信息技术与品德与社会课堂教学有效整合的策略，找到恰当的整合策略，利用教学模式提高教师运用信息技术与学科有效整合的能力，提高课堂的实效性。

（3）结题阶段：形成结题报告、工作报告、教学论文集、教学案例集、优秀录像课及课件资源库。

（六）研究结论

课题组成员经过近两年的探索，立足课堂教学实践，积极反思与总结，结合理论学习，对于小学品德与社会课程教学与信息技术的有效整合实施的策略进行了总结，探索出了一套适合当前教学要求的教学模式，为学科教学的发展提供了新的可能。在研究的过程中，学生获益良多，探索的精神逐步形成，主动学习的意识增强，学习的兴趣高涨，教师实施课程的难度降低了很多，丰富了课程的内容，增强了教育教学活动的时代性、有趣性、实效性，拓宽了教师的教学视野。

师生信息技术素养得到了有效的提高，信息技术与小学品德与社会学科教学的整合，提高了课程目标达成度，增强了课程的魅力。

1. 学术价值

教育要实现发展，必须顺应时代发展的趋势，未来是科技高度发达的世界，教育也要随着时代的发展实现科技化，以适应学生身心发展的新的要求。实现教育技术现代化是发展的必然要求。学生在信息技术的应用过程中，对课程的兴趣极大地提高。教师应不断丰富自身的信息理论知识，提高自己的信息技术开发及应用能力，并且基于对信息技术的认识，努力探索信息技术与学科数学高度融合的方式与方法，形成适合二者融合的教学模式。经过研究形成的信息技术与品德与社会学科教学有效整合的策略、模式，拉近了课程与学生生活之间的距离，提高了课堂交往的专注度，丰富了课堂的内涵和外延。学生学习起来乐在其中，既实现了预期的教学目标，又提高了学习过程中的趣味性，学生会在一种愉悦的氛围中获得身心的发展。大量的课堂实践活动为相关课题的研究提供了理论和实践参考。

2. 应用价值

二者的有效整合，优化了课堂教学，最大的受益者就是学生。在课堂教学中教师应充分发挥信息技术的优势，使课堂教学的气氛和谐融洽，教学活动多样，充分尊重学生的认知特点与心理需求，极大地提高学生学习的积极性与主动性，使教师和学生在教育的过程中都感受到快乐、轻松与自然。

3. 社会影响

我们总结的信息技术与小学品德与社会学科数学有效整合的策略，构建的有效整合的教学模式，得到北辰区品德与社会学科教师的认可，教师利用总结的整合策略和构建的整合模式进行教学，在市、区参加赛课、研究课、展示交流课等，都取得了良好的成绩，撰写的相关论文得以发表、获奖。这充分证实了研究成果具有可操作性，有值得推广的意义。

（七）研究存在的问题

经过近两年的课题研究，我们不断探索，教师的教育观念和教学行为有了明显的变化，教师不再按照自己所想去备课，而是更加关注学生的心理需求，在实现预定教学目标的同时，设计的教学活动尽量与信息技术进行融合，降低学习的难度，提高课堂的吸引力。同时，我们也发现研究还存在一些问题。

1. 信息技术的掌握与更新，还要紧跟时代的进步

这是一个信息技术高速发展的时代，各种技术发展很快。教师因为工作压力大，教学事务繁杂，对于新兴的信息技术关注度小，比较安于现状；另外，专业的信息技术的培训机会也比较少。

2. 制作的课件留给学生自主发展的空间较小

部分教师还是按照自己的逻辑按部就班地引导学生去学习，教学的开放度不够。教师需要思考课件内容能否反映师生互动，让学生主动获取知识。

3. 总结的整合策略和构建的整合模式有待于进一步深入研究

教师还需要在实践中依据相关的教育理论、教育理念、教育思想等不断验证研究成果的推广价值。

三、参考文献

[1] 中华人民共和国教育部．义务教育品德与社会课程标准：2011 年版［M］．北京：北京师范大学出版社，2012.

[2] 钟启泉，崔允漷，等．为了中华民族的复兴　为了每位学生的发展：基础教育课程改革纲要（试行）解读［M］．上海：华东师范大学出版社，2001.

[3] 彭振宇．信息技术与课程整合的误区及对策分析［J］．中国城市经济，2011（27）.

[4] 刘昕璞．信息技术与课程整合的探究［J］．职业·中旬，2011（3）.

[5] 黄甫全．试论信息技术与课程整合的基本策略［J］．电化教育研究，2002（7）.

[6] 贾甲兵．信息技术与课程整合存在问题及对策［J］．黑河教育，2011（1）.

[7] 李谨. 纵论信息技术与课程整合——何克抗教授访谈 [J]. 中小学信息技术教育，2002 (9).

[8] 解月光. 基于整合理念的信息技术教学应用模式 [J]. 中小学信息技术教育，2002 (6).

课题十八　小学生“说数学”能力培养的研究

一、课题组成员信息及分工情况

（一）课题组成员信息（见表18－1）

表18－1　　课题组成员信息

<table>
<tr><td rowspan="2">课题主持人</td><td>姓名</td><td colspan="2">单位</td><td>性别</td><td>现任职务</td><td>出生年月</td><td>学科</td></tr>
<tr><td>付斌兵</td><td colspan="2">天津市滨海新区塘沽渤海石油第一小学</td><td>女</td><td>教师</td><td>1972年8月</td><td>数学</td></tr>
<tr><td rowspan="5">课题组主要成员</td><td>姓名</td><td>学科</td><td>年级</td><td>职务</td><td colspan="3">单位</td></tr>
<tr><td>刘伟</td><td>数学</td><td>四年级</td><td>教师</td><td colspan="3">天津市滨海新区塘沽朝阳小学</td></tr>
<tr><td>王悦</td><td>数学</td><td>五年级</td><td>教师</td><td colspan="3">天津市滨海新区塘沽新港第四小学</td></tr>
<tr><td>田玉娥</td><td>数学</td><td>三年级</td><td>教师</td><td colspan="3">天津市滨海新区塘沽善门口小学</td></tr>
<tr><td>单月霞</td><td>数学</td><td>二年级</td><td>教师</td><td colspan="3">天津市滨海新区大港花园里小学</td></tr>
</table>

（二）课题组成员分工情况

课题负责人：负责课题的研究工作，开题、中期、结题报告的撰写工作，课题人员分工、监督与指导。

其他教师：负责课题研究，积累课题研究的过程性资料。

二、课题详细信息

（一）课题由来

在数学课堂中我们经常能看到，教师在讲台上滔滔不绝，把每一个知识点掰开了揉碎了，讲得要多详细有多详细。再看看我们的学生，低年级孩子还能积极举手回答问题，与老师互动。随着年级的升高，举手回答问题的学生越来越少，保持沉默的学生越来越多。在课堂中进行师生交流、生生互动时，学生往往词不达意，无法用准确的语言说出自己的观点和思考过程。数学课堂成了教师的“独角戏”。教师往往特别注重自身的表达，在进行教案设计时，会精确到每一句话怎么讲，每一个问题怎么问；但是往往忽略了对学生表达能力的培养，制约了学生“说数学”的能力，导致学生数学思维得不到提高和发展。

“说数学”本身就是思维进一步加工、提炼，使之准确、条理化的过程，也是理论体系形成的必不可少的步骤。因此，在数学课堂教学中，教师应重视学生“说数学”能力的培养，使学生在数学课堂上敢想、敢问、敢说、会说，从而培养学生的数学能力和核心素养。

（二）课题界定

“说数学”就是学生能掌握数学语言的内容、形式及其内在联系，能将自然语言数学化、数学语言符号化，并能运用数学语言准确流畅地表达出自己对数学的认识、思考及解决数学问题的过程。“说数学”体现了数学语言与自然语言有机结合的综合能力。

“数学是思维的体操，语言是思维的外壳”，学生用语言表达自己的所学、所思、所想，反映出自身的思维过程、思维方式、知识盲点。老师通过学生课堂上的“说数学”，可以及时地掌握学生的想法，了解他们的思维动态，同时也能获得学生很多精彩、有价值的想法，增加课堂的亮点。学生在数学课堂学习中积极参与、自主探究、合作交流、总结反思，从而保证学习质量，提升自身的能力，“说数学”起着至关重要的作用。

（三）研究目标

第一，在“说数学”的过程中，实现以学生为主体的课堂教学。

第二，在“说数学”的过程中，提高学生的表达能力。

第三，在“说数学”的过程中，发展学生的数学素养。

第四，在“说数学”的过程中，增强教师的科研能力。

（四）研究内容

第一，调查了解学生当前“说数学”的真实水平及存在的问题。

第二，分析制约学生“说数学”能力形成的主要因素，提出相应的解决策略。

第三，探索培养学生“说数学”能力的有效途径。

第四，在课堂研究的过程中，提高教师的研究能力与教育实践能力，促进教师的专业发展。

（五）研究情况

1. 调查研究，了解现状

发放调查问卷，回收问卷并进行分析数据，及时了解学生“说数学”的现状，并发现问题。

在分析过程中，发现影响学生“说数学”能力的因素包括个人因素（性格特点、能力水平、心理素质等）、家庭因素（家长的知识水平、教育方式、家庭氛围等）、课堂因素（教师的教育理念、教师示范、同伴影响、学习时空、评价方式等）。在课堂上，学生“说数学”的能力主要存在以下几个问题。

（1）说得欠准确。学生在数学课堂上回答问题、讲解思路、描述方法时，常常会出现语言不准确或者错误的情况。其主要原因是学生对知识本身理解不透彻，数学语言积累少。也有教师不重视的原因，很多数学老师认为“说”的训练是语文课的任务，更重视的是学生“写数学”的训练，而轻视学生“说数学”能力的培养，从而导致学生不能准确使用数学语言进行表达。

（2）说得缺条理。在数学课堂上，学生“说数学”缺乏条理性。主要表现在回答问题时前言不搭后语，没有顺序。主要原因是教师在课堂上缺乏对学生进行应有的训练。有的教师认为课堂上花大量的时间去训练学生有条理地“说数学”，会影响教学进度，影响教学效果，于是减少了学生“说数学”的机会，大部分学生不能很好地驾驭数学语言，从而导致“说数学”时缺乏条理性。

（3）说得不精练。在数学课堂上，学生在表达时常常语言啰唆，缺少数学语言应有的精练。主要原因是数学教师对学生的“说数学”指导不够。数学语言本身相对简练、抽象，由于小学生的年龄偏小，他们习惯于用生活化、口语化的语言来表达对数学知识的理解和认识，缺乏对数学知识的抽象、精练的概括，加上部分教师自身语言也不够精练，不能发挥很好的示范作用，导致学生“说数学”时不够精练。

（4）说得不完整。在数学课堂上，学生在“说数学”时，经常会断断续续，不能完整地表达自己的思路和想法。这与数学教师长期的提问方式有关。教师提问时习惯简单化、公式化，师生之间形成的是“一问一答”的简单情形，这样就限制了学生的思维发展，影响了学生“说数学”的完整性。

（5）说得不自信。在数学课堂上，学生不敢回答问题，或者站起来发言时声音很小。产生这种现象，除了与孩子本身的性格有关系，与平时孩子回答问题时教师对他们的适时评价也很有关系。

2. 分段研究，确定标准

结合本校实际情况，根据学生的年龄特点，分段进行研究，确定各学段“说数学”的评价标准。

（1）低年级“说数学”，要求学生能学着说。学会说完整的话，学会说连贯的话，学会把话说清楚。在“说数学”的过程中，学着正确使用数学名词，尽可能完整、有条理地描述计算过程及解题思路。学会倾听，能听别人说，并会判断正误。

（2）中年级“说数学”，要求学生能主动说。学生能敢于开口，主动交流，语言表达完整、连贯，思路清晰，有一定的语言组织能力，观点有一定的深度。能专心倾听其他人的发言，有不同意见时能发表自己的见解。

（3）高年级“说数学”，要求学生能创造性地说。能结合日常用语、数学符号、数学语言来陈述自己的想法，并从不同的角度去思考、表达。在倾听中会客观地分析和辩证地思考，敢于修正他人观点，善于申辩，并勇于接受他人的意见和修正自己的想法。

3. 方法指导，掌握策略

（1）教师准确示范，训练学生学着“说”。训练学生“说数学”，首先，教师的语言应该规范，成为学生的表率。课题组的教师在教学中力求自身数学语言规范，做到正确、科学、简练，还应注意语言的条理性、连贯性和逻辑性。课题组的教师努力提高自身的语言素养，通过语言的示范作用，对学生准确“说数学”施以良好的影响。

（2）形成比较合理的教学模式——“学中说教学模式”。

课题组教师以新课标为指南，以课堂为阵地，以学生为主体，以“说数学”为主线，以促进学生的自主学习为目标，形成了比较合理的教学模式——“学中说教学模式”，即课前预习，有话要说；自主探究，有话可说；归纳总结，有话会说；课后反思，创造性地说。学生在自主参与知识建构的全过程中，努力挖掘潜能，培养“说数学”的能力，促进思维的发展，提高数学素养。

①课前预习，有话要说。培养学生“说数学”的能力，要训练学生自

觉地进行课前预习，使学生在新课前对将要学习的内容有初步的了解，并能提出相应的问题。上课时，教师应留出足够的时间让学生先在组内相互交流：通过预习学会了什么？期待解决什么问题？还有什么疑问？并让学生进行相互评价。学生在预习提问、互说互评的过程中，形成了初步的知识结构，为学习新知识做好准备，这样在课堂学习过程中才能真正地有话要说。加上教师适时的评价，进一步激发了学生“说数学”的兴趣。

②自主探究，有话可说。数学的学习是一个学生亲自参与的、生动活泼的、富有个性的过程。因此，在教学中，教师应以学生为主体，把自己置于学生学习活动的组织者、引导者和合作者的地位，为学生营造自主探究的氛围，搭建自主探究的平台。教师还应结合教材特点，设计可操作的活动，让学生以小组合作的形式，通过动手操作去自主探究新知，从而经历探究历程，尝试自主解决问题，促进思维发展，做到胸中有数，有话可说。

③归纳总结，有话会说。在归纳总结这一环节，教师要指导学生对所学内容进行归纳、总结、概括，完善认知结构，总结所学的知识技能和学习方法，用自己的语言准确进行描述，并能举一反三。教师应进一步激发学生的思维，提高学生“说数学”的能力。

④课后反思，创造性地说。学生通过课上操作实践、合作探究，主动获取知识。学生及时对所学的知识和方法进行提炼、概括，才能产生迁移。教师创造机会，让学生在获取知识后主动反思自己的学习过程，总结数学基本方法，提炼出数学思想。学生通过课后反思，追溯数学学习过程，用数学语言准确地表达自己对数学知识的认识和理解。这对学习结果是一个有价值的提升，对数学语言也是一种创造。

4. 分析反思，总结方法

通过本课题研究，结合课堂教学效果和学生的成长，结合教学案例、反思、调查报告及分析等，我们对本课题的研究进行了分析、反思。另一方面，我们总结成绩，发现问题，提出修改意见，进一步完善课题的研究，形成一套行之有效的“说数学”能力培养策略。

（六）研究结论

1. “说数学”能力的培养，促进了学生表达能力的提升

在课题研究过程中，实验教师在课堂中采用多种教学方式对学生的“说数学”能力进行训练，通过以“思维训练为主体，语言训练为主线”的教学思路，让每个学生都有话要说、有话可说，并通过多元评价激发学生“说数学”的热情，促进学生“说数学”能力的提升。

2. “说数学”能力的培养，提高了学生的思维能力

学生的逻辑思维能力和数学语言是分不开的。语言是思维的工具，思维过程要靠语言表达，而语言的发展又能促进学生思维的发展。学生在课堂上用数学语言准确地描述所学的知识、掌握的方法、发现的问题、思考的过程及活动的结果，这也是一个思维形成的过程。而且学生在自我评价、相互评价的过程中，反思自己的学习过程和结果是否完善，如果不完善，则要思考哪些方面需要改进提高。学生再次通过分析、假设、综合等逻辑思维过程，得出较为正确的思路和方法。学生“说数学”的过程本身就是一个逻辑思维开发的过程。教师长期对学生进行“说数学”的训练，能很好地培养学生的逻辑思维能力，促进学生的终身发展。

3. “说数学”能力的培养，提高了学生的核心素养

为了培养学生“说数学”的能力，实验教师采用多种方法在课堂上创设宽松愉悦的课堂氛围，为学生提供更多的自我表达和合作交流的机会，引导学生自主地发现问题、提出问题，并在合作中探究问题、解决问题，在交流中形成知识、方法，在运用中获得成功的满足。学生们积极主动地参与学习的全过程，满足了他们表达的欲望。学生们体验到了学习数学的乐趣，也就提高了自身的核心素养。

4. “说数学”能力的培养，提升了教师的专业水平

教师们在课题研究的过程中，不断学习理论知识，进行教研，勇于实践，积极探索教学方法。这不仅使学生受益匪浅，而且使自身的科研能力也不断提升，促进了自身的专业发展。自参加课题研究以来，课题组成员在课题研究过程中完成了一批教学研究论文、教学反思、教学设计、案例分析等，进行了课堂展示与优质课比赛，获得了一定的成绩。

三、参考文献

[1] 余树凤．探微小学数学课堂教学中的“说”[J]．新课程研究（基础教育），2009（1）.

[2] 罗秀丽．谈小学数学教学如何训练学生说的能力[J]．广西师范学院学报（自然科学版），2011（S1）.

[3] 维果茨基．思维与语言[M]．李维，译．北京：北京大学出版社，2010.

课题十九　小学音乐教学中情感体验策略研究

一、课题组成员信息

课题组成员信息（见表 19－1）。

表 19－1　　　　课题组成员信息

课题主持人	姓名	单位	性别	现任职务	出生年月	学科
	王丽	天津市滨海新区大港第三小学	女	德育副主任	1977 年 1 月	音乐

二、课题详细信息

（一）课题简介

义务教育在音乐教学中要把情感体验、态度与价值观放在首位，突出情感体验，强调对音乐兴趣、审美能力、积极乐观的生活态度的培养。音乐作为情感的载体，其特征就是情感抒发、情感宣泄、情感交流和情感审美。针对目前学生在学习音乐的过程中无法真正投入其中去感受音乐的情感真谛，表现音乐美和创造音乐美的现象，我提出了本课题。

正所谓艺术来源于生活，音乐的感情性是音乐美的深刻体现。《义务教育音乐课程标准》提出："音乐学习可以丰富学生的情感体验，使其情感世界受到潜移默化的感染和熏陶，建立起对人类、对自然、对一切美好事物的关爱之情，进而养成对生活的积极乐观态度和对美好未来的向往与追求。”学生通过表现、聆听、创造等音乐活动充分体验、感知音乐中的美和丰富的情感内涵，从而产生共鸣，埋下热爱生活的种子。所以，音乐情感体验应立足于学生的兴趣。

首先，利用音乐进行情感表达是学生天然的兴趣，但这需要老师长期的正确引导与培养，良好的情感体验对学生理解和表现音乐有很好的帮助。

其次，学生的情感表达与专业技能是没有直接关系的，音乐知识水平一般的学生一样可以很好地表现音乐。教师应用音乐触动学生的心灵，让学生在欣赏的过程中与音乐交融，产生共鸣，如同身处于歌曲创作者所表达的意境中，逐步体验音乐所表现的情感。

最后，关注学生对音乐的兴趣与情感反应，学生在音乐实践活动中的参与态度、参与程度、合作愿望及协调能力，音乐学习方法与成效，对音乐的体验与感受能力等。激励学生不断发展，建立学习的自信心。[①]

（二）研究情况

情感体验是音乐课的纽带，是音乐教学的生命线，只有牢牢抓住了这条主线，才能激发学生学习音乐的热情、积极性，实现音乐教学“以情感人”的教育目的。在课题的研究过程中，我研究出了几点策略，分别是：参与教学策略、合作教学策略、情趣教学策略、互动教学策略和多媒体教学策略。

1. 参与教学策略

全员参与、主动参与。在巩固教唱新歌内容时，可以采取一部分学生唱，一部分学生伴奏或伴唱、伴跳的形式。由学生自己选择，力求让每个

---

① 藏翔翔．谈思维、情感、技能三维一体的音乐课程评价观［J］．音乐天地，2019（7）．

学生都参与进来，分享音乐的感人魅力。

2. 合作教学策略

小组学习活动：两人互助小组；进行互相练习、检查，讨论发言。

小组学习进程：提出学习任务——创设情境、启发思维——分组讨论、提出见解——巡视观察、适时指导——代表发言、交流观念——取长补短、深入学习。

例如，在进行《编花篮》教学时，歌曲旋律简单，为了加强学生自学中的合作能力，我们采用分组合作学习的方法，把歌曲分为几部分，每组自学一部分，让学生用演唱、舞蹈等形式完成自己的任务，并且把自己学到的内容教给其他组的同学。在这种学习中，学生的积极性很高。这样的学习方法锻炼了自学能力，协调了组员之间的关系，提高了合作意识，增强了自信心。

3. 情趣教学策略

寓教于乐，注重在情境中学习、体验学习的乐趣和在学习中创造乐趣。例如，有些节奏训练比较枯燥，学生缺乏兴趣，于是我们设置了接头暗号的情境，只有将暗号（节奏）正确奏出才能获取新的情报，这样学生在趣味中学习便感受不到枯燥、乏味了。

4. 互动教学策略

改善教与学的关系，开发课堂交往潜能，形成相互促进、相互影响、和谐互动的教学状况。互动包括师生互动、生生互动、小组互动、个体各个器官的互动等。

5. 多媒体教学策略

使教学形象化、生动化、直观化，吸引学生的注意力，提高教学质量。可以为其他教学策略提供新颖的教学手段。

（三）研究结论

根据学生情感发展的进程，构建出音乐情感体验教学的基本模式。模式分为四个层次：趣味导入，感受美；聆听歌曲，体验美；学习歌曲，理解美；表现歌曲，创造美。四者相辅相成，环环紧扣，以递进的方式联系在一起，后者是以前者的实现为前提的，任何一个步骤的实施都离不开其他步骤的实施，在此过程中，学生的情感不断强化，认识水平不断提高。

音乐教学中，只要选准情感教育的切入点，就能激发学生的兴趣，使学生更好地理解歌曲的情感，并能和自己的情感产生共鸣，在情感的交融中陶冶性情、完善自我。

三、参考文献

［1］中华人民共和国教育部．义务教育音乐课程标准：2011 年版［M］．北京：北京师范大学出版社，2012．

［2］藏翔翔．谈思维、情感、技能三维一体的音乐课程评价观［J］．音乐天地，2019（7）．

课题二十　小学数学高效教学策略的研究

一、课题组成员信息及分工情况

（一）课题组成员信息（见表 20 – 1）

表 20 – 1　　课题组成员信息

<table>
<tr><td rowspan="2">课题主持人</td><td>姓名</td><td colspan="2">单位</td><td>性别</td><td>现任职务</td><td>出生年月</td><td>学科</td></tr>
<tr><td>胡建华</td><td colspan="2">天津市滨海新区塘沽宁车沽小学</td><td>女</td><td>德育主任</td><td>1980 年 11 月</td><td>数学</td></tr>
<tr><td rowspan="4">课题组主要成员</td><td>姓名</td><td>学科</td><td>年级</td><td>职务</td><td colspan="3">单位</td></tr>
<tr><td>刘栋悦</td><td>数学</td><td>二年级</td><td>教师</td><td colspan="3">天津市滨海新区塘沽宁车沽小学</td></tr>
<tr><td>戴美良</td><td>数学</td><td>六年级</td><td>教师</td><td colspan="3">天津市滨海新区塘沽宁车沽小学</td></tr>
<tr><td>金艳娟</td><td>数学</td><td>三年级</td><td>教师</td><td colspan="3">天津市滨海新区塘沽宁车沽小学</td></tr>
</table>

（二）课题组成员分工情况

课题负责人：负责开题、中期、结题报告的撰写工作，过程监测与指导。

主要成员：负责积累课题研究的过程性资料。

二、课题详细信息

（一）课题由来

提高教学质量是永恒的命题。学界对高效教学的研究由来已久，很多理论研究成果也层出不穷，但这些模式往往不可大规模复制，研究出适合地区校情的高效教学策略势在必行。故提出本课题。

（二）课题界定

高效教学：用最短的教学时间、最少的教学行为获得最好的教学效果。

策略：为实现教学目标而采取的方法。

（三）研究目标

通过研究，得到适合地区校情的小学数学高效教学策略。

（四）研究内容

查阅文献，系统总结教学经验，归纳小学数学高效教学策略，使用高效教学策略，进行课堂观察，在实践中调整完善，最后总结成果。

（五）研究情况

第一阶段：查阅文献、研究制订高效教学策略（2017 年 7—10 月）。

第二阶段：课堂观察，调整完善，总结成果（2017 年 11 月—2018 年 4 月）。

（六）研究结论

1. 实施“自主”的教学模式

（1）给予学生真正的主体地位。在教师的指导提示下学生先自主学习，教师让学生到讲台上进行汇报讲解，其他学生提出问题，台上的“小老师”与同学们互动答疑，遇到困难了，还可以请同学帮助讲解，最后同学们自主梳理方法，总结提升。这个举措可谓一举两得，其一，活跃了气氛，在民主的氛围下，学生更能打开思维。其二，随着一个又一个疑问的解答，讲解者和听讲者都会对所学内容有更深的认识，不仅语言表达、协调沟通、组织能力得到了锻炼，心理素质也得到了提升。

（2）挑动学生“斗”学生。让学生在交流争辩、互相补充、互相完善中取得进步，让学生从小学会积极快速思考，这种方式是一种“1+1>2”的方式。

（3）让课堂变得缓慢。站在学生的角度看问题，要有耐心，给学生充分的思考时间与空间，让学生经历获取知识的过程，让学生的内心和能力得到真正的成长。暂时的缓慢换来的是长久的高效。

（4）互助。在课上互助，一个学生答不上来，马上请出自己的好朋友给予帮助，问题解决了，学生也培养了友好合作、取长补短的意识，认识到团队的力量是强大的。在课下也可以互助，开展一帮一的活动，暂困生主动提出问题向学优生请教，学优生每天都负责暂困生的学习，定期评价互助结果，及时表扬鼓励先进，这样暂困生得到了进步，学优生也在不经意间提高了自己的水平，更重要的是收获了助人为乐的成就感，同时也提高了责任意识。这个环节，活动的主体仍然是学生，老师是组织者、观察者、专家顾问，学生解决不了问题的时候，老师才出马。

这样的教学不仅解放了教师自己，教师可以有更多时间用来学习提升、思考科研，而且锻炼了学生，能让所有人同时都动起来，高效协作。

2. 精练“视听”输入系统

学生听课有两大输入系统，一是听，二是看，如果这两大输入系统在课堂上工作不灵，甚至是不工作，那么我们所做的都是无用功。只有听了，看了，才能去想，然后再去做和说。因此，在课堂上培养学生认真倾听、仔细观察的能力和习惯就显得尤为重要了。

听，要做反复对应的训练，教师问问题时可以一个一个问，让所有学生的注意力都集中在这些问题上。然后在讲解作答的时候也要不断重复。我带的一个班，开始时学生听讲习惯不好，听课水平差，经过一段时间的训练，原来最不爱听课的学生竟然成了“精准重复一句话”做得最好的学生。

看的训练，首先给学生观察的时间，如审题历来是一个老大难问题，学生往往对题目一扫而过后就飞也似的写起答案来了，结果会做的题却做错了，非常遗憾。在课堂上，我经常做这方面的训练，让学生仔细读题之后，用自己的话说说题目的意思，有哪些已知条件，要求是什么等，久而久之，学生的审题习惯和能力都得到了很大的改观。再如计算的训练，也是让学生首先看，有哪些数，有没有特殊数，有哪些运算符号，运算顺序是什么，能不能简算等，之后再去计算。

两大输入系统的工作得到了保证，我们才有了高效教学的基础。自己也在常态教学抓“视听”训练中尝到了甜头。

3. 推行融错解题机制

这是著名教师华应龙提出的机制。我所做的尝试是在解题订正的过程中，引入融错机制帮助学生得到提升。举个例子，在课堂上，允许学生犯错误，把学生犯的错误当作珍贵的资源。出现了错误，让学生指出来，经过课堂辩论，总结正确的方法。此时不擦不涂，将错误原型保留，与改正的过程相比较，分析自己的错误原因。这个错误原因必须是有针对性的，不能笼统地说算错了，看错了，得细致找出哪一个环节算错了，看错了什么。建立错题集，让学生随时翻阅，就是为了让学生明确算理，形成习惯，避免在同样的地方跌倒两次，将错误消融。一张试卷，发下来改正订正，就让出错的学生讲，一是讲如何改正，明确算理；二是讲错误原因。这样的强化引起了学生的关注，错误率大大降低。

4. 给予轻松学习支持

将一节课的难点分散开来，从情境导入开始做看似无意却有意的铺垫，打通新旧知识之间的联系，让学生明确本节课的起点和提高的部分。借助各种工具帮助学生探究、分析、思考，使学生能够一够“摘桃子”，较轻松地突破难点，实现进步。

知之者不如好之者，好之者不如乐之者。教学的最高境界就是乐教乐学，它是以高效教学作为支撑的。作为教师，我们要树立终身学习的观念，以刻苦钻研的精神重铸我们的课堂，提高教学效率，从而实现乐教乐学的最高境界。

课题二十一　小学英语绘本教学的实践与研究

一、课题组成员信息及分工情况

（一）课题组成员信息（见表21－1）

表21－1　　课题组成员信息

<table>
<tr><td rowspan="2">课题主持人</td><td>姓名</td><td colspan="2">单位</td><td>性别</td><td>现任职务</td><td>出生年月</td><td>学科</td></tr>
<tr><td>刘芳</td><td colspan="2">天津市滨海新区大港海滨教育中心</td><td>女</td><td>小学英语教研员</td><td>1974年6月</td><td>英语</td></tr>
<tr><td rowspan="4">课题组主要成员</td><td>姓名</td><td>学科</td><td>年级</td><td>职务</td><td colspan="3">单位</td></tr>
<tr><td>王林林</td><td>英语</td><td>五年级</td><td>教研组长</td><td colspan="3">天津市滨海新区大港三号院小学</td></tr>
<tr><td>杨芳</td><td>英语</td><td>六年级</td><td>教师</td><td colspan="3">天津市滨海新区大港三号院小学</td></tr>
<tr><td>王耕</td><td>英语</td><td>四年级</td><td>教师</td><td colspan="3">天津市滨海新区大港三号院小学</td></tr>
</table>

注：张盛楠、刘森、王玉芝、王永凤、石莉莉、王耕等教师对本课题亦有贡献。

（二）课题组成员分工情况

为开展本项课题，我们成立了课题实验小组，定期召开专题研讨会，加强培训交流，明确分工。

课题主持人：负责课题研究方案的总体设计及撰写研究报告。

课题组成员：负责课题资料的整理以及填写活动记录，撰写阶段性的总结反思和报告。

二、课题详细信息

（一）课题由来

作为小学英语教师，我们深知在英语学习的启蒙阶段，激发学生学习英语的兴趣，比帮助学生掌握英语学习的技巧和方法更加重要。由于我们使用的英语教材在编写的过程中受到很多局限，多半以主场景图或者一些系列图片组成的图片故事片段作为课文主体，故事性不强，也不够完整，因此，很难让学生长期保持浓厚的学习兴趣和自发阅读的欲望。而英语绘本教学正好弥补了教材的不足，英语绘本故事性强，图片生动形象、色彩鲜明，极大地吸引了学生的注意力，激发了学生英语阅读的欲望。

绘本课题的研究让学生学习英语的热情得到了空前的高涨。学生在阅读绘本的过程中不仅学习了英语知识，拓展了视野，提高了自身的思维品质，核心素养也得到了提升。学校将绘本教学的成功经验首先在共同体的 3 所学校进行推广，最后推广到相关区域的 12 所学校，让所有的学生都投入英语绘本的学习中，并在全区的公众号上推广学生英语绘本学习的成果，让学生之间互相学习，互相评价。学生在互相学习和点评的过程中找到差距，不断调整自己的学习策略和方法，形成积极向上的学习动力。

（二）课题界定

绘本的英文是 Picture Books，是一种以图画为主，配有少量文字或无文字的书籍，而英文绘本指的是以英语为表述语言的图画故事书。本课题主要研究小学一至六年级的英语绘本教材和英语绘本课堂教学方法和模式。

课题组首先针对学生的英语绘本学习现状进行问卷调研，问卷主要涉及以下方面：学生是否喜欢英语绘本，学生英语阅读的内容、频率，以及阅读中解决困难的方法。针对问卷中呈现的问题，课题组教师首先阅读和查阅了大量有关英语绘本教学的书籍和文章，系统学习了有关英语绘本教学的理论知识，然后选择符合学生已有知识水平的绘本教材。接着研究、摸索英语绘本课堂教学模式，边实践、边研讨、边改进课堂教学方法。最后整理出一套一至六年级的绘本教材，归纳总结出适合小学生的英语绘本课堂教学模式。

为了让每个班的学生都享受到英语绘本学习的乐趣，课题组决定不设实验班，在整个年级进行绘本教学实验。本打算第一年从一、三、五年级开始试验绘本教学，第二年在全校六个年级铺开绘本教学。在试验过程中，教师担心一、三、五年级经过一年试验后，英语阅读能力会分别高于二、四、六年级的，影响学生学习英语的自信心，而前一年的试验年级的绘本教材已经不适合在高一年级使用。因此，课题组全体成员商量决定，绘本课程的试验在六个年级同时开始，让所有的学生一起享受绘本学习的乐趣。

（三）研究目标

第一，通过课题研究，课题组教师明确了英语绘本教学的目的，不是为了让学生学会几个单词和句型，而是让学生体验英语绘本阅读的乐趣，养成良好的英语阅读习惯，逐渐掌握英语绘本阅读的方法和策略。

第二，通过课题研究，课题组教师根据不同年级学生的英语知识水平，分年级筛选了适宜的英语绘本学习材料。值得一提的是，本课题不仅仅研究适宜某个年级段的绘本教材，而且研究各个年级之间绘本教材的衔接，最终形成衔接性较强的绘本教材。编印一至六年级英语绘本教材。

第三，通过课题研究，课题组教师在培训过程中学习了英语绘本教学的基本理论和方法。通过研究，教师掌握了英语绘本教学的方法和策略，根据自己的教学心得撰写教案，编成一至六年级绘本教学的教案集。

第四，通过课题研究，课题组教师实施每课的课堂教学后，不断反思，总结教学过程中的得与失，集体讨论，查找问题，找到改进提高的方法，并将一至六年级老师撰写的反思编制成集，以供下一位执教教师参考。

第五，通过课题研究，课题组教师通过观摩课例，分析教学目标制订、达成的过程和方法，从思想上对绘本教学形成正确认识，逐步掌握绘本阅读教学的方法和教学策略，形成由课题组教师执教的优秀课例，以供课题组其他教师、共同体学校英语教师，以及本区域其他学校英语教师借鉴和使用。

（四）研究内容

第一，编制调查问卷，针对学生在英语阅读中出现的问题进行分析和研究，并商讨解决方案。

第二，根据学生年龄、生理、心理特点和已有知识水平，总结出一至六年级英语绘本教材。

第三，通过阅读、查阅资料，研究英语绘本教学方法，编写出一至六年级英语绘本教材的教案集。

第四，通过英语绘本课堂实践，总结教学中的得与失，撰写一至六年级英语绘本教学的反思集，以供今后的执教教师借鉴。

（五）研究情况

1. 课题准备阶段（2016 年 3—9 月）

做好准备是整个课题研究顺利进行的保障。在准备阶段，我们主要进行了三方面的工作：编写问卷、介入调查、分析问卷中呈现的问题。2016

年 4 月将调查问卷下发至学生，问卷回收率为 100%。

（1）编制研究工具并确定试验年级。在课题研究伊始，我们课题组编写完成了问卷，在每个年级随机抽取一个班发放，共发放六个年级六个班，发放问卷 238 份，其中男生 132 份，女生 106 份。

（2）问卷内容。本问卷共分为三部分，第一部分是指导语，说明了问卷的目的以及作答的方式，为了消除学生填写问卷时的隐私顾虑，我们在指导语中也进行了说明；第二部分是问卷题目；第三部分是调查结果统计表。

（3）问卷分析。通过调查和整理问卷我们发现：学生英语阅读的时间很少，除了老师要求的英语阅读，自己主动进行的英语阅读很少。学生不喜欢英语阅读的主要原因有两个：一是认为英语阅读中有很多生词，阅读困难较大，而单词查起来比较麻烦，即便是查出汉语意思，还是不能很好理解文本内容；二是大部分学生觉得目前手里的阅读材料太枯燥，对英语阅读材料不感兴趣。

（4）课题准备工作。2016 年 4 月，课题组教师通过图书馆和网络查阅了大量有关英语绘本教学的书籍和文章。2016 年 5 月，观看绘本教学视频，在天津师范大学王志玲老师的指导下，进行了一系列的探讨与研究，大家一起学习英语绘本课堂教学方法。2016 年 6 月，共同研究、学习如何选择绘本教材。

2. 研究实施阶段（2016 年 9 月—2018 年 6 月）

自课题立项后，课题组全体教师按照计划稳步实施，稳扎稳打，深入研究。

编印一至六年级英语绘本教材。绘本教学不仅能为学生提供大量的语言知识，还能提高学生学习英语的兴趣，发展学生的英语能力。通过阅读英语国家的原汁原味的绘本，孩子们能够学到更加地道的英语表达。在课题实践过程中，教师遇到的难题主要有两个：一个是绘本教材的选择，另一个是英语绘本课堂教学模式的确定。

（1）英语绘本教材的选择。在准备一堂绘本教学课之前，教师首先肯定会面对一个问题，即选择哪个绘本进行教学。绘本故事种类繁多，有的讲亲情、友情，有的讲健康生活、习惯养成，有的讲诚信等。我们在选择绘本时主要考虑以下两个因素。

①所选绘本要与学生本单元课本的话题相一致。如，课本正在学习水果类词汇，我们就可以选择一个可以拓展水果词汇或者谈论水果句型的绘本，对课本进行巩固、拓展和补充。

②所选绘本要符合本年级学生的语言知识水平。绘本太难会让学生产生畏难情绪，影响学习的积极性；绘本过于简单，学生学习时就会索然无味，没有学习的欲望。

课题组教师经过不断地重复，包括：挑选英语绘本教材—课堂实践—课后反思—更改不适合的绘本教材—再次课堂实践—再次反思，最后确定了一至六年级的英语绘本教材。

（2）确定英语绘本课堂教学模式。

①培训教师。选好绘本教材后，课题组就请来了天津师范大学的王志玲老师，对所有课题组老师进行培训。通过培训，老师们知道了绘本课堂教学与传统的英语课堂教学是不同的。在绘本课堂教学中，教师不仅要讲解绘本的封面、作者、出版社和故事背景，还要讲解绘本中的跨文化知识和寓意，让学生不仅能学到地道的英语知识，还能提高核心素养。将绘本故事改编成课本剧可以提高学生的口语表达能力。教师可以通过讲解绘本故事开发学生的想象力，鼓励学生续写或者改编故事。

②课堂实践。为了顺利开展课题的研究，使老师们明确绘本教学的意义，并熟练掌握绘本教学方法，我们开始进行绘本课堂教学实践，从一至六年级推选一位教师做研究示范课。a. 课题组通过教研，确定与学生相匹配的绘本。b. 研究课堂教学步骤。第一步，谈论封面信息，让学生猜测故事大意；第二步，教师通过泛读、精读等方式逐页讲解绘本；第三步，学生通过默读、朗读等形式加深对绘本的理解；第四步，学生采用课本

剧的形式表演绘本，或者用改编、续写等方式对绘本进行巩固，提高口语表达能力或写作能力等。c. 提问是绘本教学中最重要的一个环节，由浅入深、环环相扣的问题，能帮助学生更好地学习绘本。因此，教研中，老师们商讨每一个问题的设置，推测学生是否能听懂，有多少学生能够准确回答，以及学生的接受程度有多少。教师通过课堂实践发现教学中的问题，然后通过教研商讨解决问题的方法，最后确定了各个年级不同的教学模式。

（3）录制优秀绘本教学课例。在课题研究过程中，课题组教师首先观摩课例，分析教学目标制订、达成的过程和方法，从思想上形成对绘本教学的正确认识，逐步掌握绘本阅读教学的方法和教学策略，形成由课题组教师执教的优秀课例，以供课题组其他教师、共同体学校英语教师，以及其他学校英语教师借鉴和使用。在不断摸索绘本教学的同时，老师们也分别进行了绘本教学的课堂实录，保留下珍贵的材料，继续研磨。

（4）指导学生将英语绘本改编成课本剧。随着对英语绘本教学的不断研究，教师在摸索和实践绘本教学过程中发现，将绘本改编为课本剧，让学生表演出来，对学生的英语学习帮助很大，并且有助于提升学生的核心素养。英语绘本教学能够在故事中输出文化，输出语言知识与技能，并培养学生的英语思维模式。而把绘本表演出来，便在真正意义上让学生将语言内化，将思维深植，将文化理解。在小学英语学习阶段，学生应具备的人文素养，主要包括对文化差异感兴趣，理解、尊重文化差异，参与团队合作，具有意志品质，养成良好习惯，保持学习兴趣等。教材资源是有限的，需要我们合理地挖掘和补充，而绘本教学恰好迎合了这一要求。绘本更适合课本剧表演的需要，学生也在小组合作讨论的过程中将绘本内容进行提炼、内化。学生的学习能力在无形中得以培养，学生的团队合作能力也在学习中得以提升。

在绘本的学习、表演中，学生敢于根据真实生活进行改动，敢于用英语来描述课本或绘本以外的事件，开始独立思考，能够进行创意改编，这些都是绘本在默默地滋养着学生。当绘本遇上课本剧，课堂由静态变成了动态的，学生由被动变成了主动的，老师由教授者变成了欣赏者。作为教师，看到学生的转变非常欣慰。绘本从故事变为剧本，从剧本变成短话剧的过程，也是学生核心素养得以提升的过程，这才是英语教学的价值所在。

（5）通过网络公众号展示英语绘本学习成果。通过网络公众号（海滨小学英语工作室）为学生搭建展示、交流学习成果的平台，将学生自创的英语绘本，改写、续写的绘本故事，以及英语配音作品进行展示。展示学生自己的学习成果，使其学习英语的激情和信心高涨，帮助他们释放学习潜能，并且让他们在互相学习的过程中找到自己与他人的差距，不断调整自己的学习策略和方法，形成积极向上的学习动力。

3. 整理、总结、推广阶段（2018 年 9 月—2019 年 3 月）

课题的研究进入尾声时，教师在继续研究绘本教学的同时开始进行研究的总结和资料的整理。课题组将前期的绘本教材和教师的教案集、反思集、论文集最后定稿结集成册，还将优秀课例集刻成了光盘。在上级领导的关心和帮助下，我们的研究成果在整个滨海新区进行展示、推广。我们第 19 教育发展共同体的四所学校联合举办了以“慧用绘本，悦学英语”为主题的滨海新区各共同体展示交流活动，活动参与人员来自滨海新区各个学校的代表，共计 200 余人。活动中，刘芳老师做了一节英语绘本展示课，天津师范大学王志玲老师在点评中充分肯定了刘老师采用引导式的提问方法，激发学生一步步对故事情节产生合理想象，使其带着强烈的阅读欲望去学习的教学策略。在续编结尾中，借助平板电脑的方式呈现学生练习，不仅加大了课堂密度、锻炼了学生的英语表达能力，而且拓展了学生的思维。整节课出色地完成了语言的输入、重组生成和知识的输出，引领学生在真实情境中学会了阅读绘本的方法。英语绘本教学不仅让教师教得高效，而且让学生学得轻松快乐。

第 19 教育发展共同体的师生们寓教于乐，采用说、唱、演等多种节目形式为大家呈现了一场精彩纷呈的“英语嘉年华”展示活动，惟妙惟肖的英文短剧表演、悦耳动听的英文歌曲等节目为学生们搭建了一个学习英语、运用英语、享受英语的平台，充分锻炼了学生们的口语表达能力。活动方式得到了与会领导和教师的一致好评，此次活动为今后英语绘本教学的开展起到了推动作用。

（六）研究结论

1. 研究成果

（1）绘本教材。教师探究课堂教学的能力有所提高，研究教材内在联系的能力有所提高，教师根据现有的资料和教材，挖掘话题类似、难度适宜，并相对有所拓展的绘本。每个年级精选了 6 个绘本。教师所选绘本话题或是和学生生活紧密相连，或是和教材所学话题紧密度高的，所以在学习教材知识基础上，绘本成为一个很好的拓展和延伸。

（2）教案集。老师们在整理出合适的绘本材料后，认真地编写了绘本教案。电子版的绘本课件帮助老师们互相分享成果，也为绘本教学进课堂提供了很大的便利。

（3）反思集。教师在整理好绘本教材的同时，将绘本教学引入课堂，并进行深入的反思，形成了反思集。在不断尝试、不断反思、不断改进的基础上，绘本教学的效果日渐显现。

（4）课例集。在不断摸索绘本教学的同时，老师们也分别进行了绘本教学的课堂实录，保留下珍贵的材料，以便于日后互相研磨。

（5）论文集。教师科研能力有所提升，对绘本教学都有自己的思考。我校教师在课题研究阶段共有 7 篇论文获奖或发表。

2. 课题衍生成果

（1）学生的成绩。学生在课堂上学习了有趣的绘本后，对英文绘本产生了极大的兴趣，将绘本阅读由课上延伸到了课下。在课余时间，学生主动寻找英文绘本，主动阅读，并采用各种各样的形式分享他们的阅读。有的学生自己绘制英文绘本，在绘制的过程中将语言内化。

学生学习观念得到了转变。学生从死记硬背，为了完成老师布置的任务而学习，转变为主动阅读，主动分享，对英语学习充满了热情和兴趣。在实践绘本教学之前，很多学生不爱做阅读题，怀有畏难情绪，看到大段的英文语篇更是望而却步。实践绘本教学之后，由带图的简单绘本开始，慢慢过渡到带图的文字稍多的绘本，再到试卷上的阅读语篇，学生开始慢慢对阅读产生兴趣，并体会到阅读带来的快乐。

（2）教师的成绩。通过这三年来对绘本教学的研究和实践，教师们的英语教学都有所改观，更加注重资源的有效整合，注重将课本知识进行横向和纵向的延伸，注重提升学生英文的阅读水平和思维能力，注重在学习语言知识的基础上，提升学生的核心素养。教师们在日常备授课的过程中，习惯性地积累绘本材料，挖掘有趣的绘本和现在所用教材之间的联系。在日常教学中，除了将重点放在学生基础知识的巩固上，也注重学生语言能力的培养和阅读能力的培养，为学生将来的英语学习奠定了基础。

3. 研究结论

（1）英语绘本学习能够提升学生的英语核心素养。有效的英语阅读要突出五个结合：语言与意义相结合、文化与思维相结合、理解与表达相结合、合作与研究相结合、提出问题与解决问题相结合。英语绘本画面生动丰富，趣味性强，故事情节完整，又承载了深邃的情感或人生观、价值观，让学生在阅读的过程中不断理解、感悟、审视、反思、判断、内化，默默滋养着学生的思维，使学生的核心素养得到提升。

（2）英语绘本能够弥补英语教材在篇章布局、内容设计、级别划分等方面的不足。与教材话题相关的绘本教材，是对教材内容的补充和拓展。

（3）学生通过英语绘本学习可以提高口语表达能力。模仿、表演是将学生带入故事情节，引导他们体悟情感的最直接的学习方式。将绘本故事改编为英语课本剧，让学生成为故事中的一部分，切身体验不同角色的喜怒哀乐，从内心深处生出各种各样的情感。

（4）学生通过英语绘本学习可以提高英语写作能力。当输出环节被设计为续写故事、改编故事或者为故事写摘要、起名字时，学生就插上了想象的翅膀，在绘本的字里行间遨游，英语写作能力得到了提高。

（5）学生通过英语绘本学习词汇量越来越大，英语学习兴趣越来越浓厚，阅读技巧更加熟练，阅读能力提高了，语感增强了，对英美文化有了更加深入的了解。学生也学到了更加地道的英语，能更好地应用到实际生活中。

（6）通过绘本教学，老师的理论水平和业务能力大幅度提高。在实践和研究中，老师主动学习理论书籍，结合课程改革和课题实施情况，不断总结、反思，写了很多经验总结及论文。在课题研究的促进下，老师的科研意识增强了，科研能力不断提高，在教学中不断取得优异的成绩，在专业成长道路上迈出了喜人的步伐。

4. 研究建议

（1）立足教材，为学生提供更多适合的英语绘本故事。让英语绘本故事与课堂教学内容相辅相成。以教材为“经”，为学生提供英语话题、知识体系，以绘本为“纬”，真正把握学生的阅读需求，引导学生运用所学习的阅读方法去构建“经纬”交错的阅读网络，促进知识的迁移，使课内外相互补充，相得益彰。

（2）立足课堂，为学生提供适合的英语绘本教学。英语绘本课堂教学要更加关注绘本的情节、含义和思想，灵活选择教法、学法，营造自由、开放、生动有趣的课堂氛围，在教学过程中要注重发展学生的思维能力、培养学生的人生观和价值观。

（3）立足学生，搭建平台，展示英语绘本学习成果。通过网络公众号为学生搭建展示、交流学习成果的平台，展示学习成果，能使学生学习英语的激情和信心高涨，帮助他们释放学习潜能，他们形成积极向上的学习动力。

5. 问题与展望

课题研究历时三年多，虽然暂时告一段落，但我们的研究并没有结束，本次课题研究中还有许多问题值得我们深思。

（1）由于英语教师首先要完成国家规定的英语课本教学计划，因此，每学期教师给学生讲授的绘本数量有限，不能满足所有学生对绘本的需求。

（2）作为滨海新区第19教育发展共同体领衔校，目前，我校的英语绘本教学研究成果已经与共同体的3所学校共同分享，但辐射面不够广，我们将号召本区域的所有学校参与绘本教学的研究，大家一起努力，共同提高，让本区域的所有学生都能享受绘本学习的乐趣。

虽然本课题即将结题，但是我们的英语绘本研究还要继续，首先，我们打算把目前研究的绘本教学成果在油田所有学校进行推广，让更多的学生享受绘本学习的乐趣。另外，我们打算与油田其他学校一起合作，针对一至六年级的每一课，都寻找合适的不同层次的英语绘本，包括文本和音频资料，并通过我们的“海滨小学英语工作室”公众号推送给所有学生，让所有学生都能选择到合适的英语绘本。同时，绘本的学习形式也将不再拘泥于课堂学习，而是通过网络随时随地可以。

课题组成员属于小学一线在职教师，在科研方面还存在着不足之处，其总结方法或推广的方式或许还有不成熟的地方，这也给有此研究意向的同人提供了继续探索的空间。

三、参考文献

［1］张明红，王雯．蒙氏阅读幼儿用书［M］．武汉：湖北美术出版社，2006.

［2］余治莹，王林．绘本赏析与创意教学［M］．石家庄：河北教育

出版社，2010.

［3］王蔷，陈则航．中国中小学生英语分级阅读标准［M］．北京：外语教学与研究出版社，2016.

课题二十二　发挥口风琴教学的作用，提高学生的音乐素质

一、课题组成员信息及分工情况

（一）课题组成员信息（见表22－1）

表22－1　　课题组成员信息

<table>
<tr><td rowspan="2">课题主持人</td><td>姓名</td><td colspan="2">单位</td><td>性别</td><td>现任职务</td><td>出生年月</td><td>学科</td></tr>
<tr><td>宋会昌</td><td colspan="2">天津市滨海新区
大港第二小学</td><td>男</td><td>学科组长</td><td>1974年8月</td><td>音乐</td></tr>
<tr><td rowspan="4">课题组主要成员</td><td>姓名</td><td>学科</td><td>年级</td><td>职务</td><td colspan="3">单位</td></tr>
<tr><td>周健</td><td>音乐</td><td>八年级</td><td>教师</td><td colspan="3">天津市滨海新区塘沽实验学校</td></tr>
<tr><td>张咏馨</td><td>音乐</td><td>五年级</td><td>教师</td><td colspan="3">天津市滨海新区塘沽上海道小学</td></tr>
<tr><td>李月平</td><td>音乐</td><td>六年级</td><td>教师</td><td colspan="3">天津市滨海新区大港第六小学</td></tr>
</table>

（二）课题组成员分工情况

周健：负责管乐器的实施。

张咏馨：组织材料、撰写记录。

李月平：总结大家的经验，填写报告。

二、课题详细信息

（一）课题由来

近年来，中国教育界进行了一场深化而持久的课程改革，在音乐的课程标准中，着重强调在教学中要将器乐教学作为重要的内容和手段，从而确立了器乐教学在音乐学习中的重要地位。依据新的课程标准，通过课堂教学中的器乐学习、训练来提高学生的音乐素质与创新思维能力，会成为一线教师新的研究课题。

在以往的器乐教学中，教师往往把器乐演奏的训练作为主要教学内容，把大量的曲目交给学生练习。尽管部分学生通过刻苦训练完成了任务，但更多的学生认为负担过重，抹杀了学习兴趣，这也使得器乐进课堂的育人目标难以实现。因此，器乐进课堂应根据学生的实际，遵循新的教学理念，充分发挥器乐教具、学具的作用，使之成为学生走进音乐殿堂的一把钥匙，带动学生音乐素质及创造性思维能力的全面提升。

（二）课题界定

美国著名音乐教育家穆塞尔和格连在其《中小学音乐课教学法》中写道：假如我们能在一个孩子身上唤起对音乐的一种强烈的热忱，假如我们能把这种兴趣延长若干年并且稳步地把它提到更高水平的话，那么即使他永远成不了一个技艺名家，他也将通过音乐找到他的个人幸福，并且为自己建立一个更好的生活和一个更广阔的个性。这是音乐教育的主要任务。本课题的研究正是试图在器乐进课堂教学实验的基础上，探索培养学生音乐素质与创造性思维能力的有效途径和方法，为音乐教学推进新课程改革、落实新课程标准做有益的尝试。

（三）研究目标

为进一步加强学校艺术教育，深化音乐课堂教学的改革实验，探索器乐进课堂培养学生音乐素质及创造性思维能力的有效途径和方法，我们将研究目标设立为以下几点。

第一，运用学具激发学生的音乐学习兴趣，培养学生实践美、创造美的能力。

第二，运用学具突破教学难点，提升学生音乐综合素质。

第三，整合教学内容，使演奏、演唱、欣赏优势互补，构建多彩互动的音乐健康课堂，增强学生创造美的信心及能力。

第四，探索课内课外的结合策略，提升学生实践美、创造美、表现美的能力。

（四）研究内容

第一，在实验中逐步探索“器乐进课堂多彩互动低负高效”的音乐健康课堂教学模式，探索提高学生综合音乐素质与创造性思维能力的有效途径与方法。

第二，课内打基础、课外展特长，组织口风琴乐团适时进行课外训练，为学生创设展示的舞台。

第三，通过“器乐进课堂”促进学生音乐素养和创新性思维培养的实验与研究，可以有效强化教师的学习和科研能力，使深化音乐课教学改革，达成高效课堂成为可能。

（五）研究情况

1. 实践研究过程

（1）制订课题研究方案并进行“器乐进课堂”，激发学生学习兴趣。

（2）“器乐进课堂”运用学具突破教学难点，提升学生的整体素质。

（3）构建“器乐进课堂”器乐、声乐、欣赏相互结合、优势互补的音乐健康课堂；整合丰富优化教学内容，课内打基础、课外展特长。

（4）全面归纳反思总结，完成课题实验研究报告的撰写，完成课题研究成果的总结与鉴定。

2. 实验研究效果

（1）学生学习潜能得到发挥，课堂面貌大为改观。通过两年半的实验研究，学生学习音乐的兴趣变浓，学习潜能得到发挥，课堂面貌大为改观。实验三班李明同学说：“我喜欢上音乐课，是因为乐器进入课堂后，丰富了我们的音乐学习的内容，使我们能轻松愉快地掌握音乐的基础知识。口风琴成了我学习音乐、鉴赏音乐的好帮手。还有就是全班同学共同参与的器乐合奏，那感觉真是美极了……”学生演奏能力的提升，增强了学习音乐的信心，使音乐课堂面貌大为改观。

（2）实验前后学生学习情况及综合音乐素质对比。2017 年 9 月，我校四年级 8 个班，计 318 名学生；大港第六小学 7 个班，计 283 名学生；2018 年 3 月经过抽签，各有 40 名学生参加音乐基础问卷调查测试。音乐基础问卷调查测试试卷见图 22－1，数据统计见表 22－2。

填写要求：1. 学生不记名据实填写。2. 每项为单选，在符合情况的括号内画“√”。3。请在五分钟内完成问卷的填写。

1. 学校音乐社团活动：参加过（　　）没参加过（　　）
2. 你喜爱哪类音乐？通俗音乐（　　）古典音乐（　　）现代音乐（　　）
3. 你学习过器乐演奏吗？有（　　）没有（　　）
4. 你愿意在音乐课上单独演唱歌曲吗？愿意（　　）不愿意（　　）
5. 每学期你能学会几首歌曲？一首（　　）二首（　　）三首及以上（　　）
6. 学过的歌曲你能唱出它的曲谱吗？能（　　）不能（　　）
7. 你能独立视唱简单的五线谱或简谱吗？能（　　）不能（　　）
8. 国歌是什么音乐风格？抒情歌曲（　　）艺术歌曲（　　）进行曲（　　）

图 22－1　音乐基础问卷调查测试试卷

表 22-2　　音乐基础问卷调查测试数据统计

试卷序号	试卷选项	大港第二小学（40名）		大港第六小学（40名）		备注
		人数（人）	百分比（%）	人数（人）	百分比（%）	
1	没参加过	32	80	34	85	
2	通俗音乐	36	90	35	87.5	
3	没有	35	87.5	36	90	
4	愿意	30	75	28	70	
5	三首及以上	35	87.5	36	90	
6	不能	34	85	35	87.5	
7	不能	34	85	35	87.5	
8	进行曲	35	87.5	35	87.5	

问卷调查测试结果表明，小学 80%～85% 的学生没参加过音乐社团；87.5%～90% 的学生喜欢通俗音乐；10%～12.5% 的学生系统学习过器乐演奏；25%～30% 的学生不愿意在音乐课上单独演唱歌曲；12.5%～15% 的学生能独立视唱简单的五线谱或简谱。我校和大港六小学生的音乐基础知识、音乐艺术素质、表演表现能力情况相当接近。

（六）研究结论

音乐教学是培养学生创造性思维能力的主要渠道之一。在学校的音乐教学活动中，让器乐走进课堂能对学生的音乐学习产生有效的促进作用已成为大家的共识。器乐进课堂既能增强学生参与音乐实践活动的意识，又能全面提高学生的音乐素养。我校近年来通过口风琴器乐教学提高学生的音乐素质，培养学生的创造性思维能力，激发学生的学习热情和创造热情取得了初步的成效。

1. 以点带面定思路

结合我校的实际，我们在学校艺术活动中坚持出特色——搞一个千人的口风琴乐团。

学校接受了此建议，确定了“以点带面”的工作思路，却先由音乐组组长宋会昌老师创建一支小型口风琴活动组，由他本人带队训练，然后进一步推广到全校。在校领导和老师们的大力支持下，学校口风琴组应运而生。学校配备了一个教学班的用琴，成立了50人的校级口风琴小组。学校制定了明确的目标，汇编了教学内容，把口风琴的吹奏引入音乐教材中，有效地形成了一个良好的学习口风琴的氛围。

通过两个月集训，队员们不但掌握了基本的演奏技法，而且完成了曲子《欢乐颂》的合奏。在学校“庆六一”的文艺展演中，口风琴小组一亮相便赢得了家长、孩子们的喜爱，家长们纷纷表示支持自己的孩子参加口风琴学习。学校把这门课程定为校本课程，有近千名学生参加了这项学习活动。

2. 循序渐进显奇效

口风琴队伍成立起来了，音乐组的全体老师和校领导认真研究了下一步的工作。

（1）制订方案，扎实推进。学校提出以音乐教研组为核心，以课堂教学为主导，多部门协同，共同完成千人口风琴的教学、练习。方案中规定，音乐组5位教师每人承担一个年级的口风琴教学工作。口风琴的教学分散在每节音乐课中，一般是每节音乐课抽8～10分钟进行教学；要求学生每天至少有10分钟的课外练习时间，巩固课上的学习。

（2）积极实践，不断完善。学生经过一段时间的基本功训练，音乐组教师制定了千人口风琴合奏曲目——《旧友进行曲》。根据学生的年龄特征，将学生分成一、二、三、四、五年级三个组别。设计编配了三组难易不同的曲谱，一、二年级演奏以四分音符为主的旋律根音，三、四年级演奏以四分和八分音符为主的旋律主音，五年级演奏完整的旋律以及旋律复调。此外，还在四年级中选出一个班做打击器乐（打击器乐由大鼓、小鼓、大镲、小镲组成）的演奏。接下来宋老师又制作了《旧友进行曲》的伴奏音乐。就这样在大家的共同努力下，我校千人口风琴教学工作按计划顺利地进行着，全校学生学习口风琴的热情空前高涨。课堂上、校园外都能听到口风琴美妙的旋律。

在这种浓郁的音乐氛围中，学校口风琴小组也在有序地排练着。为了避免演奏的音色单一，我们还充分挖掘校内资源，把会电子琴、打击器乐的学生也纳入其中，充分展现合奏的魅力。老师们根据学生们的演奏状况改编了适合口风琴演奏的中外名曲，如《欢乐颂》《北京喜讯到边寨》《金蛇狂舞》《瑶族舞曲》等。学生的演奏技巧在逐渐提高。

3. 参与活动促发展

音乐教学有适合表演的特点，音乐老师们在艺术团中担任不同的角色，可以有效地利用各自的优势条件，充分利用各种层次的登台机会，让学生以口风琴为载体，通过各种形式进行演出。这样可以深层次地促进学生学习口风琴演奏，激发训练的兴趣，还可以从活动和演出中积累经验，有效提高其表演水准和吹奏水平，更可以让家长和社会了解学校口风琴的教学效果，一举多得。例如，在学校“六一”文艺演出、天津市器乐节比赛活动，以及我区教育系统组织的各种演出活动中，人人尽登台，班班皆表演，得到了学校的支持、师生的欢迎和家长的肯定，更有千人口风琴合奏的宏大场面展现在大家面前，令领导、老师、家长和学生都为此骄傲，有效地营造了促进口风琴教学的社会氛围。

我校口风琴教学取得了长足的发展。两年来，校千人口风琴演奏队先后在各种场合演奏十余场。校口风琴小组在大港艺术节闭幕式展演中获最佳表演奖，受到市领导及社会的好评。

总之，音乐教学中加入口风琴的学习与训练，给学生提供了展现的舞台，有力地促进了学校的音乐教学发展。其学习内容充实，丰富了旧有的内容架构，兴趣先行、演出促进、多层表现、展示提升的分步实施，也构建了崭新的音乐教学形式，使学生的综合素质得到了培养和提高，使学生的身心得到了健康、全面的发展。

4. 器乐进课堂教学实验研究促进了教师自身素质的提高

几年来的器乐进课堂教学实验研究工作，对教师自身素质的提高起到了很大的促进作用。由于方案的设计和实验研究的实施，要求参阅大量的资料，学习吸收国内外先进的教育理念，用先进的理念指导自己的教学实践，因此课题的实验研究本身就是学习提高的过程。教学中除要上好常规课，还需做很多新的探索与改革。围绕课题，每学期还要进行“四个一”（一篇教学反思、一篇实验心得、一篇实验论文、一份教学设计）的写作，无形之中，教师的教学、写作、科研能力都得到了提高，逐步从经验型向科研型进步。

5. 问题探讨和几点建议

（1）通过实验我们发现，器乐进课堂培养学生的音乐素养，应从一年级学生入学开始，新学校对他们来讲一切都是新的，新的环境引发孩子们强烈的好奇心，抓住入学的前三个月大力开展此项教学工作至关重要。

（2）作为音乐教师应善于沟通，积极争取学校领导、年级组老师和家长们的支持，大胆将器乐引进课堂开展教学，把“学习音乐最好的方法是掌握一件乐器”的理论，用于音乐教学实践。“教是为了不教”，这样的做法能教给学生学习音乐的方法。

（3）我们采用的是口风琴，教师应根据口风琴的固定音高，选择适宜的曲目进行由易到难的曲谱编写，方便学生的演奏，多进行多声部的合奏教学；遵循音乐审美教育的核心理念，把器乐教学融入歌曲、欣赏等教学之中。唱、奏、赏、析的结合，丰富音乐的表现形式和教学内容，师生在共同探索音乐奥秘的过程中，建立学习的情趣，分享学习与表现音乐的快乐。

（4）适时组织课外艺术社团提高校园艺术品位，给学生提供表演表现音乐的机会，创设艺术展示的空间和舞台，组建班级或年级乐团。实践证明，在口风琴普及教学的基础上，组织口风琴乐团开展活动简便易行，前景广阔。此项目标的实验研究还需进一步的探索。

综上所述，“器乐进课堂”有效提高了音乐课堂的整体效益，培养了学生的综合音乐素养，促进了教师业务素质的提升。通过两年多的课题研究与实践，实验方案中所提出的假设得到了验证，实验目标基本达到。

课题二十三　小学品德教学实践中实现有效对话的策略研究

一、课题组成员信息及分工情况

（一）课题组成员信息（见表 23－1）

表 23－1　　课题组成员信息

<table>
<tr><td rowspan="2">课题主持人</td><td>姓名</td><td colspan="2">单位</td><td>性别</td><td>现任职务</td><td>出生年月</td><td>学科</td></tr>
<tr><td>陈颖</td><td colspan="2">天津市滨海新区
塘沽黄圈小学</td><td>女</td><td>教学主任</td><td>1980 年 8 月</td><td>道德与法治</td></tr>
<tr><td rowspan="5">课题组主要成员</td><td>姓名</td><td>学科</td><td>年级</td><td>职务</td><td colspan="3">单位</td></tr>
<tr><td>张焕云</td><td>数学</td><td>四年级</td><td>教师</td><td colspan="3">天津市滨海新区大港第五小学</td></tr>
<tr><td>刘松艳</td><td>语文</td><td>四年级</td><td>教师</td><td colspan="3">天津市滨海新区大港第五小学</td></tr>
<tr><td>薄英杰</td><td>道德与法治</td><td>二年级</td><td>德育主任</td><td colspan="3">天津市滨海新区塘沽上海道小学</td></tr>
<tr><td>王芸</td><td>语文</td><td>二年级</td><td>教师</td><td colspan="3">天津市滨海新区塘沽向阳一第一小学</td></tr>
</table>

（二）课题组成员分工情况

陈颖：负责课题的管理、主持、研究等工作。

其他成员：负责课题实践、资料整理、课堂实践等工作。

二、课题详细信息

（一）课题由来

目前国内外研究对话教学的文献较多，但大多数研究的是语文、英语等学科的对话教学，研究品德学科对话教学的较少。在品德课堂教学中，依然存在着以教材为中心、以教师为中心的教学现象。依然有一些教师用一些显性或隐性的不道德教学行为和方式来实施道德教学，如教师的话语霸权、变相体罚、语言歧视等。这样导致的最终结果是我们的课堂道德文化生活失去意义，道德教育的质量大打折扣。为了引导教师提升品德课堂教学质量，我们觉得，努力实施对话教学是当前课改理念下的出路。对话教学是用课堂上主体的多元对话代替教师的一元独白。

（二）课题界定

在小学品德教学实践中，有人认为对话教学就是教师问话学生回答。事实上，这种单一的师问生答，只是形式上的“对话”，仅仅是一种没有交流的教师独白。学生在课堂教学中，充当的也只是配合教师独白的“教具”，与真正意义上的对话相去甚远。教育具有对话性，教学即对话，对话是一种创造性的交往活动，本课题的对话教学是指在小学品德课堂教学中教师、学生、教学媒介之间的对话，是师与生的一种心灵的感应，是生命与生命之间的一种互动。正如哲学家马丁所强调的，真正的对话是“从一个开放心灵者看到另一个开放心灵者之话语”，对话教学所要探究的是这样的多元对话在激发学生道德情感、提高道德认识、培养道德行为习惯以及在促进教师专业成长上的价值意义。

（三）研究目标

第一，本课题研究成果的区域性推广，使全校绝大多数的学生养成良好的行为习惯，逐步形成基本的道德观、价值观，具有初步的道德判断能力，为他们逐步成长为合格公民奠定基础。

第二，开展本实验课题既有利于提高品德学科教学质量，也有利于学生的发展，同时还有利于教师提升能力。

（四）研究内容

本课题拟以品德学科课堂教学中教师、学生、教学媒介三个元素之间的相互交融互动为切入点，探讨对话教学在学科教学中的实践价值，研究的主要内容有以下几点。

1. 对话教学情境创设的研究

课堂是师生之间、生生之间共同对话的阵地，是学生开展生活体验的平台。课堂上，教师应努力创设良好的对话氛围，让学生的主体意识得到觉醒，将学生的主体地位落到实处，尊重、爱护、信任每一个学生，营造出一种民主、和谐的课堂文化，这样才能让学生有对话的欲望和热情。

首先，应让课堂洋溢浓浓的爱意。高尔基说过：谁爱孩子，孩子就爱谁，只有爱孩子的人才可以教育孩子。是啊，只有在一种充满了浓浓的爱意、气氛宽松的课堂上，教师才能游刃有余地教，学生才能轻松自主地学。多一份爱意，就多一份宽容；多一份爱意，教师就更多地关注个体生命的成长历程；多一份爱意，学生就能感受到更多的激励、赏识，就能感受到课堂带给自己的幸福感受。

其次，要努力创设对话情境。一是创设生活情境，利用多媒体课件、教具创设出儿童生活的情境，再现生活，回归生活，既提供对话的素材，又引发学生对话的欲望。二是创设问题情境，问题要有一定的思考价值和思维深度，让学生能联系生活去解决。三是创设活动情境，让学生在演、做、说、画、唱等体验活动中提升道德认识。

2. 对话教学话题内容的研究

（1）预设性话题的研究。课堂上学生与文本的对话，生生之间、师生之间的对话是对话教学的基础。作为教师，首先要深入研读教材，在充分预设学生课堂上可能出现的问题与困惑的基础上不断地引导学生对文本中的重点部分进行关注。教师还应引导学生在能体现教材价值导向的地方给予更多的关注、欣赏，并有自己的思考与发现。此时，教师只需要做一个称职的“导游”即可，带着自己的“游客”，尽量选择一个恰当的观察点，引导他们去欣赏、感受、体会文本中“最美的风景”，使他们产生一种积极的道德体验。让他们在价值多元的社会中逐步形成健全的人格和正确的世界观、人生观。

如果说学生与文本的对话是基础，那么生生之间、师生之间的对话则是对话教学的关键所在。只有生生、师生进行对话，才会有心灵上的交融、情感上的沟通，才会在吸收他人的信息与观点后，唤醒、激活自己已有的生活经验与情感。因此，话题的设置显得尤为重要。它关系到对话能否调动全体同学参与的积极性，关系到对话能不能深入下去。因此，对话话题的设置应具有以下几方面的特点。

①贴近学生。话题的设置要与学生实际的道德认知水平相贴近，既不能太难，又不能太简单，要让学生“跳一跳”才会有收获，贴近他们的“最近发展区”，保持他们参与课堂、参与对话的兴趣。

②时代特点。话题设置要更多地去关注现实社会、关注学生的生活、关注自然环境，让话题起到影响学生、参与社会讨论、提升学生的社会意识、逐步形成正确的人生观和价值观的作用。

③贴近生活。要让话题贴近学生的生活实际，因为“儿童品德的形成源于他们对生活的体验、认识和感悟，只有源于儿童实际生活的教育活动才能引发他们内心的而非表面的道德情感、真实的而非虚假的道德体验和正确的而非荒谬的道德认知”。

（2）生成性话题的研究。由于品德课程是一种开放性的课程，教材只是引发、指引学生活动的一种工具，是师生共同对话的文本。因此在教学过程中，教材会引发、生成许多问题。而这些问题正是把握学生认识冲突、引发学生思维碰撞的契机。然而，由于这些问题或“离题太远”，或“节外生枝”，不在教师的预设范围之内，有的教师要么熟视无睹、有意回避，要么束手无策，在哼哈之间一带而过；有的教师则强行将课堂的走向拉回“主题”，显示出教师的话语霸权。

新课程理念指导下的品德教学，应关注学生在学习过程中生成的新问题，整个教学过程应由教师巧妙预设转变为学生与教师共同直面生成性问题，共同探索对话实际意义构建的过程。这种过程既不是由教师预设好的，也不是学生漫无目地、随意地、无限发散地生成的过程，而是预设与生成、封闭与开放、静态与动态的矛盾统一体，既有对教学过程的精心设计，更有对教学过程真实状态的密切关注。教师可通过对学生认知和情感需求状态的评价判断，不断调整教学行为。

3. 对话教学对话评价的研究

这是本课题拟突破的难点和可能创新的亮点部分。

首先，对话评价要贴近儿童的生活。《义务教育品德与社会课程标准(2011 版)》指出：“课程必须贴近他们的生活，反映他们的需要，让他们从自己的世界出发，用自己的眼睛观察社会，用自己的心灵感受社会，用自己的方式探究社会。”因此，对话评价时，应将学生良好品德的形成和社会发展性评价放在社会生活的背景中进行，既要关注学生的认知，也要关注学生在生活中表现出来的情感、态度和能力。

其次，对话评价要注重激励和引导。苏联教育家苏霍姆林斯基曾经说过：每个人的内心深层都具有得到别人赏识和表扬的欲望。儿童的天性更是如此，他们需要从老师和同学的表扬、鼓励中感受成功的快乐。因此，教师应积极创设民主和谐的对话评价氛围，尊重学生的个性特点，实施以鼓励为主的发展性评价策略，多运用一些激励性语言，让学生在学习活动中勇于发表自己的见解，敢于质疑，只有这样才能发展学生多方面的潜能。但激励不是那种简单的表扬，教师的激励性评价语言应具有以下几方面的特点：一是准确而得体；二是生动而有趣；三是亲切而多样。教师的对话评价语言除具有激励的功能外，还应具有引导和启迪的作用。教师要善于倾听并及时评价学生的发言，指出学生发言中的优缺点，并加以引导点拨。

再次，对话评价要尊重学生的独特体验和多元选择。尊重学生的独特体验和多元选择就是尊重学生的个性。由于学生的生活状况、思维方式、兴趣爱好等都存在着差异，导致学生原有的生活经历、生活经验也不尽相同。由此，学生生活的多元化必然产生富有个性化的体验和多元选择。教师在对话评价时，不能武断地把学生的多元选择与答案中统一的标准进行比较，从而来衡量学生行为指向的对与错，应逐步引导学生指向教材的价值取向。教师不应用统一的尺度和统一的答案评价学生，应对学生的表现给予鼓励性评价。这种评价方式尊重学生的多元选择和真实的生活体验，有助于促进学生的个性发展。

最后，对话评价要力求多元、客观。新课程评价的发展方向之一是多元性。一方面是评价主体的多元性。对话教学过程中，以前对学生的发言往往是教师评价多，评价主体显得单一，被评价者往往处于被动的地位，是消极的应付者。这样，不利于充分调动学生学习的主动性和积极性。因此，应适当增加一些同伴评价与自我评价，以加强评价者和被评价者之间的沟通、了解，更好地促进被评价者的自我参与、自我反思与自我发展。另一方面是评价角度的多元性。追求多方位、多层次评价，注重学生三维目标的构建，不仅关注学生道德知识的学习、方法的获得和能力的形成，还要重视学生的创新精神、学习态度、心理素质等方面，让学生更客观地认识问题，认识自我，接纳并认同评价的结果。另外，对学生评价的语言要客观。评价不是一味赞美，而是要客观、真诚评判，这样才能够做到尊重、爱护学生，才有利于学生的个性发展。

4. 对话教学实践价值的研究

本课题拟在深入研究上述问题的基础上，力争通过对小学品德学科课堂教学中教师、学生、教学媒介之间的多元对话的研究，使教师与学生的心灵都能彼此敞开、彼此接纳，使他们获得积极的生活体验和正确的人生态度，让师生、生生在对话中激发道德情感、提高道德认识、培养道德行为习惯，引导师生过一种有意义的课堂道德文化生活。

课堂是本课题研究的主阵地，我们将通过随堂听课、撰写调研报告、整理教师教学案例、教学设计、教学反思等形式进行深入研究，并力争将研究成果在本学科教学领域中进行深入推广。

（五）研究情况

1. 在理论学习中充实头脑

针对实际课堂教学中存在的关于对话教学方面的问题，课题研究组的教师们进行了理论学习。深入研读课程标准，了解课程的性质和课程目标；阅读《放眼生命的成长：品德与生活、品德与社会教学新视野》《问题教学》《对话教学》《互动教学》和《新课程下教师课堂教学情境创设能力培养与提升》等书籍，了解什么是对话教学，以及对话教学的策略。老师们在阅读和学习后写了心得体会，并且能够对照自己的教学进行及时反思。课题组成员每月召开课题交流会，共同交流心得体会、研究中遇到的困惑等。

通过集体学习和自主学习，课题研究组的教师理论水平得到了提升，尤其是在教学观念上有了很大的转变。通过这一年多的学习、研究和教学实践，教师们转变了教学观念，努力为学生创设对话情境，引导学生与教材对话、与教师对话、与同伴对话。学生在互相交流和对话的氛围中学习，学习热情大大提高。

2. 研读教材，落实研究重点

本课题研究的重点有三个：对话教学情境创设的研究；对话教学话题内容的研究；对话教学对话评价的研究。

在平时的教学中，老师们紧紧结合教材，挖掘教材中适合对话教学的内容。教材是教师进行教学的依据，教师只有在对教材的内容熟知的情况下才能设计出学生喜欢的教学活动。课题组的教师大多是兼职教师，我们组织老师们对各册教材进行研读，梳理各册教材的内容和结构，了解教材之间的联系。围绕研究重点，我们还开展了丰富的教学实践和研讨活动，在实践和研讨中摸索方法。

3. 在教学研讨中开展研究

课堂是学生体验生活的场所，也是师生之间、生生之间共同沟通对话的平台。作为学生的对话伙伴，教师只有努力创设良好的对话氛围，主动地唤醒学生的主体意识，真正尊重学生的主体地位，爱护、信任每一个学生，营造民主、和谐的课堂文化，这样才能激发学生对话的欲望和热情。

因此，在研究的过程中，我们组织课题研究组的教师围绕“如何进行对话教学情境创设”“对话话题的设计”“课堂对话后的评价”进行教学研讨活动；指导每位教师根据教学内容进行教学设计；组织课题组教师开展说课活动；开展教师之间的教学研讨的观摩课评比。通过不同形式的活动来探索对话教学的策略。教师们在备课、说课、磨课的过程中提高教学实践能力，并积极反思自己平日教学的得失，结合自己的教学实践和在实践中出现的问题与不足，找到相关的契合点，更好地为课题研究提供真实有效的一手资料。

在研讨活动中，老师们进行了联系学生的生活和活动、借助多媒体等创设对话情境的尝试。课堂上老师们为学生创设了真实的生活情境，引导学生进行对话。老师们借助学校的活动为学生创设对话的氛围，借助多媒体把生活和物品呈现出来引导对话，学生对这样的教学非常喜欢。我们还邀请教研员刘尊老师来课题组视导、听评课，课后与课题组的老师们交流，为我们的课题能够进一步深入研究提出了宝贵意见；天津市 265 农村骨干教师教学研讨也对我们开展课题研究给予了极大的帮助，为我们在教学实践中如何开展对话教学提供了丰富的教学案例。

在课题研究的过程中，课题组的教师们对课题研究和课堂实践进行了总结，撰写了《有效对话，让课堂生成更精彩》《小学品德对话教学初探》《小学品德课堂呼唤精彩的课堂即时评价》《构建生活课堂，享受生活德育——小学品德教学回归生活的几点思考》等教学论文；同时进行了教学观摩与研讨。

（六）研究结论

对话教学是在新课程改革背景下出现的适应时代要求和以人为本的观念的教学形态，它无疑是具有强大的发展潜力和生命力的。自课程改革以来，众多的研究者孜孜不倦地从各方面研究对话理论、对话式教学的方法、课堂对话策略等，并且也取得了一定的成果。

1. 课题研究成果

我们课题组的老师们通过一段时间的研究，也总结、概括出了一些品德课堂的对话策略。

（1）总结出了教学情境创设的方法：①联系学生的生活创设教学情境；②联系实践活动创设对话情境；③借助多媒体创设对话情境。

（2）总结出了对话话题预设的策略：①预设要围绕学生的生活；②预设要依据学生的特点。

（3）总结出了对话评价的方法：①评价时要疏通学生的思路；②评价时要拓宽学生的思路；③评价时要正确引导学生。

2. 课题研究的成果影响

（1）课题研究促进了学生的发展。

①有利于让学生真正成为课堂的主人，回归主体地位。对话式教学一改“教师问、学生答”的单向输出模式，变为师生间、生生间的多向互问互答方式，学生由被动受问者转变为主动发问者，真正成为学习的主人，成为自主意愿和自我发现的积极表达者。对话式教学要求教师为学生提供发问的时间和条件，并指导学生学会发现问题、捕捉问题、提炼问题和表述问题，逐步提高发问的质量和水平。教师要鼓励学生不但要善于生疑和问疑，还要善于怀疑和质疑，勇于提出与教材或教师不同的看法来。

②有利于学生的自主发展，促进学生的思维发展。课堂教学的目的，绝不是要消除差异性，而是要为每个同学提供适合他们发展的条件，促使他们更好地发展。提问的启发性在于能引起或促进学生的积极思考。问题的价值在于由启发所带来的思维空间，包括其向度、宽度、深度等。给学生带来的思维空间越广阔越自由，其思维的成果便会越丰硕，智力的价值便会越可观。当然，提问必然受到问题定势和时间等条件的限制，不可能一味地扩展时空。但至少要在可能的情况下给学生一个较大的思维空间，以放飞他们的思想。

③有利于学生创新精神的培养。以往的问答式教学以接受现成的既定的书本知识为主要目的，问题的设计多从如何使学生准确理解、正确回答去考虑，追求唯一的定型的答法和答案，实际上是用问答形式复制课本知识。这压抑了学生的创造性和批判性思维，把学生局限于唯书为是、唯师为尊、唯权威为上的文化氛围里，使他们只能或只习惯于适应和继承，无法或不想去超越和创新。对话式教学要求在理解的基础上去质疑，在求同的基础上去求异，在继承的同时去创新。因此，教师要设计出开放性、多维性的问题，要鼓励学生突破常规提出创见。

（2）课题研究促进了教师的成长。

①课题研究促使教师实现了角色的转变。师生之间能否平等对话，关键在于教师能否从传统的“传道，授业，解惑”的权威角色，走向“平等中的首席”，成为与孩子对话的“对手”。教师要努力创设紧扣课程目标的“对手”性话题，在学生达成普遍的共识后，又挑起新的话题，激活学生的思维和智慧，使对话更加深入，因为对话的本质就是激活思维。在教学过程中，教师不要垄断教学的话语权，要鼓励孩子发表不同的意见，要允许孩子有不同的声音、不同的表达方式，让孩子学会自己解决问题。教师要从传统的话语霸权中解放出来，从“裁判”和“保姆”的角色中退下来，做好一个组织者、一个合作者、一个参与者、一个引导者。相信我们的孩子一定能自己解决好问题。

②课题研究提高了教师的教学设计能力。“教学相长”，学生由于解决问题的能力加强了，各方面都得到了发展，而且学生自己享受体验的课堂教学往往要比那些单向灌输的课堂教学更难以驾驭。教师就要不断地学习，使自己的教学适应现在的课堂，这样教师在课前备课时就应该做到从学生学习需要出发，以促进学生“怎样有效地学”为主要思考坐标，重点解决学生“学什么”“怎么学”“学到什么程度”“采用什么方式学”等问题，让学生在课堂上带着一定的情感、态度、价值观去主动地学习、主动地发展。长此以往，教师教学设计的能力就会不断提高，教学过程也会不断得到优化。

三、参考文献

［1］弗莱雷．被压迫者教育学［M］．顾建新，赵友华，何曙荣，译．上海：华东师范大学出版社，2001.

［2］孙云晓．教育的秘诀是真爱［M］．北京：新华出版社，2002.

［3］夸美纽斯．大教学论·教学法解析［M］．任钟印，译．北京：人民教育出版社，2006.

［4］郑杰．给教师的一百条新建议［M］．上海：华东师范大学出版社，2005.

［5］范梅南．教学机制——教育智慧的意蕴［M］．李树英，译．北京：教育科学出版社，2014.

［6］孙亚玲．课堂教学有效性标准研究［M］．北京：教育科学出版社，2008.

［7］杨九俊．小学品德与生活（品德与社会）课堂诊断［M］．北京：教育科学出版社，2005.